KOMPLETT

MAGNUS BORGERSON

NORDISCHE MYTHOLOGIE

Alles über Odin, Loki, Freyja,
Yggdrasil und mehr

VON DER SCHÖPFUNG BIS ZUR GÖTTERDÄMMERUNG -
ENTDECKEN SIE EPISCHE GESCHICHTEN VOLLER
MAGIE UND MYSTERIEN

INHALTSVERZEICHNIS

EINFÜHRUNG

In der heutigen Welt wird die nordische Mythologie, die einem verstaubten Edelstein gleicht, oft zu sehr vereinfacht oder missverstanden. Solche Fehlinterpretationen, die von populären Medien und kulturellen Adaptionen vorangetrieben werden, berauben Sie der Tiefe und Feinheit dieser alten Geschichten. Wenn Thors Hammer auf eine bloße Filmrequisite reduziert wird oder Lokis komplexer Charakter zu einem einfachen Bösewicht verflacht, rückt das nordische Universum in den Hintergrund.

Da die nordischen Legenden auch in der heutigen Zeit Romane, Filme und sogar spirituelles Streben prägen, war es noch nie so dringlich, sie wirklich zu verstehen. Es handelt sich nicht nur um Relikte der Vergangenheit, sondern um lebendige Traditionen mit Wurzeln, die tief in die menschliche Psyche reichen.

Gehen Sie also über die ausgetretenen Pfade der Geschichten von Odins einäugiger Weisheit oder Freyjas tapferem Streitwagen hinaus. Dieses Buch wird Ihnen als Brücke dienen, die Sie wieder mit dem authentischen Geist der nordischen Mythologie verbindet. Es dringt tief in die vielschichtigen Erzählungen ein, um die kulturellen, spirituellen und historischen Wurzeln dieser alten Sagen zu entdecken. Erforschen Sie die Mythen in ihrer wahrhaftigsten Form, ungetrübt von zeitgenössischen falschen Vorstellungen.

Als erfahrene Historikerin und Liebhaberin mittelalterlicher Literatur habe ich den Inhalt dieses Buches aus authentischen Quellen wie den Eddas und Sagas recherchiert. Beim Umblättern der Seiten kommen nicht nur Geschichten von Helden und Bestien zum Vorschein, sondern es entsteht auch ein Verständnis der nordischen Mythologie, das als Brücke die alten Weisheiten mit den modernen Interpretationen verbindet.

Lassen Sie dieses Buch zu Ihrem Einstieg werden, um die philosophischen Grundlagen dieser Geschichten, ihre zeitlose Resonanz in der heutigen Welt und das Zusammenspiel zwischen Mensch, Natur und dem weiten Kosmos zu ergründen. Mit einer Vielzahl von Beweisen — ob archäologische Funde, historische Dokumente oder vergleichende mythologische Studien — werden die Erzählungen in ihrer authentischsten Form lebendig.

Erkunden Sie die Welten Yggdrasils, stellen Sie sich den mächtigen Riesen von Jötunheim, feiern Sie in den majestätischen Hallen von Asgard und entdecken Sie die kryptischen Botschaften der Runen. Tauchen Sie in diese Welt ein und lassen Sie sich von der zeitlosen Verlockung der alten Sagen in den Bann ziehen.

KAPITEL 1

DIE SCHÖPFUNG UND DIE KOSMISCHE STRUKTUR

Stellen Sie sich eine leere Leinwand vor, eine Welt, in der nichts existiert. Eine ausgedehnte Leere, still und unbeweglich. Dies war der Anfang des nordischen Universums. Doch wie beim ersten Pinselstrich auf dieser Leinwand erwachte das Universum in lebendigen Farbtupfern der Mythen und Legenden zum Leben. *Haben Sie sich jemals gefragt, woher der erste Riese kam oder wie die majestätischen Reiche der Götter, Riesen und Elfen miteinander verbunden sind?*

Tauchen Sie ein in die Geschichten von Ymir, dem Urwesen, und Audhumla, der nährenden Kuh, deren geheimnisvolle Wege zur Erschaffung der ersten Götter führten. Reisen Sie durch die neun Welten, jede ein einzigartiger Wandteppich aus Geschichten, von den schimmernden Palästen Asgards bis zu den feurigen Abgründen von Muspelheim. Und im Herzen von allem steht Yggdrasil, der Weltenbaum, der diese Reiche in einer ewig andauernden Umarmung verbindet.

Der Anfang

Jede große Geschichte beginnt irgendwo. Vielleicht beginnt sie mit „Es war einmal" oder mit „Vor langer, langer Zeit". *Aber was, wenn die Geschichte mehr ist als ein bloßes Märchen oder weit zurückliegende Vergangenheit? Was ist, wenn sie der Ursprung eines ganzen Universums ist?*

Die Anfänge der nordischen Mythologie zu begreifen bedeutet, Geschichten zu erzählen und die Wurzeln einer kosmischen Saga zu verstehen. Seien Sie sich bewusst, dass Sie in diesen frühen Anklängen den Herzschlag von allem, was folgt, entdecken. Um das Ausmaß der nordischen Legenden wirklich begreifen zu können, müssen Sie in ihre Anfänge eintauchen.

Ginnungagap

In den Geschichten gab es eine Leere, bevor große Schlachten geschlagen oder Helden geboren wurden. Diese Leere war weder dunkel noch hell, weder kalt noch warm. Sie war der Inbegriff der Neutralität, ein Raum, der darauf wartete, gefüllt zu werden, eine unberührte Leinwand, bekannt als Ginnungagap, die gähnende Leere.

Ähnlich wie der stille Raum zwischen zwei Herzschlägen oder die friedliche Pause vor der ersten Note einer Symphonie, barg Ginnungagap das Versprechen von allem, was noch kommen sollte. Es war der Raum zwischen den Räumen, die Zeit, bevor die Zeit begann. In Ihrem täglichen Leben haben Sie vielleicht oft die Schönheit der Leere übersehen und sie fälschlicherweise für Abwesenheit gehalten. Aber in der nordischen Kosmologie war diese Leere keine Abwesenheit, sondern ein Potenzial – ein Ort des Gleichgewichts, die Ruhe vor dem metaphorischen Sturm der Schöpfung.

Es ist schwierig, das ‚Nichts' (als Konzept) und seine enorme Bedeutung zu verstehen. Doch so wie ein Bildhauer in einem Marmorblock Potenzial sieht oder ein Künstler auf einem leeren Blatt Inspiration findet, sahen die Menschen der nordischen Kultur Ginnungagap als die Grundlage der Existenz an.

Nördlich von Ginnungagap lag Niflheim, ein Ort von beißender Kälte und wirbelnden Nebeln. Im Süden lag Muspelheim, ein Land der feurigen Leidenschaft und unerbittlichen Hitze. Diese beiden Reiche, die von ihrer Natur her so gegensätzlich sind, grenzten an Ginnungagap. Und in dieser gähnenden Leere trafen ihre elementaren Kräfte schließlich aufeinander und bildeten die Bühne für die Geburt von Ymir, dem Ur-Riesen, und Audhumla, der nährenden Kuh.

Um die Weite dieser Leere wirklich schätzen zu können, müssen Sie verstehen, dass jede Geschichte, egal, wie beeindruckend sie ist, einen Ort braucht, an dem sie beginnt. Jede Legende, egal, wie groß sie ist, braucht ein Fundament. Ginnungagap erinnert Sie daran, dass auch stille und unscheinbare Anfänge das Potenzial zur Größe in sich tragen.

Ymir

Aus der tiefen Stille von Ginnungagap, als die elementaren Kräfte des Feuers aus Muspelheim und des eisigen Nebels aus Niflheim aufeinandertrafen, entstand ein Wesen von einzigartiger Bedeutung. Sein Name war Ymir. Wenn Ginnungagap die Leinwand war, dann war Ymir der erste kühne Pinselstrich, der die Weichen für die prächtigen Geschichten stellte, die folgen sollten.

Stellen Sie sich die Ehrfurcht vor, die Sie dabei empfänden, wenn Sie Zeuge der Geburt des allerersten Wesens wären, der Verkörperung des puren Potenzials. Ymir war nicht irgendeine Schöpfung; er war der Ur-Riese, der Vorfahre, von dem alle anderen Riesen abstammen würden. Aber Ymir war nicht nur ein Produkt seiner Umgebung. In vielerlei Hinsicht war er die Umwelt und spiegelte die reinen und ungezähmten Kräfte wider, die ihn hervorbrachten. Seine bloße Anwesenheit verwandelte das einst so ruhige Ginnungagap in eine Bühne des Lebens.

Die Geburt von Ymir ist mehr als ein Ereignis; sie ist eine Allegorie. Sie erinnert uns an die Unvorhersehbarkeit und Spontaneität des Lebens selbst. So wie das unvorhersehbare Zusammentreffen von Feuer und Eis Ymir hervorbrachte, wird auch unser Leben von unerwarteten Momenten, Begegnungen und Gefühlen geprägt. Die nordischen Völker wussten, dass Schöpfung oft aus Gegensätzen entsteht. Die Wärme des Feuers und die Kälte des Eises, zwei gegensätzliche Kräfte, brachten ein Wesen hervor, das weder ganz das eine noch ganz das andere war, sondern eine Verschmelzung von beidem.

Die Geschichte von Ymir stellt unsere Vorstellungen von Anfängen infrage. Oft glauben die Menschen, dass große Dinge aus perfekten Bedingungen hervorgehen. Doch Ymir, eine monumentale Figur der nordischen Mythologie, entstand aus dem chaotischen Zusammentreffen zweier Extreme. Dies erinnert uns daran, dass manchmal die am wenigsten erwarteten Kombinationen zu großartigen Ergebnissen führen können.

Die Bedeutung von Ymir endet jedoch nicht mit seiner Geburt. Seine Existenz war für das nordische Verständnis der Struktur der Welt von zentraler Bedeutung. Ohne bereits zu viel zu verraten, ist Ymirs Rolle im großen Plan der Dinge sowohl ein Zeugnis für die zyklische Natur des Lebens als auch ein Hinweis auf die Verbundenheit aller Wesen untereinander. Ymir verkörpert also die Unberechenbarkeit der Natur, den Tanz der Gegensätze und das allgegenwärtige Potenzial für eine Wiedergeburt aus dem Chaos.

Audhumla

Eine weitere wundersame Geburt fand statt, als der mächtige Ymir inmitten des Tanzes der Elemente in Ginnungagap seine ersten Atemzüge tat. Aus der gleichen magischen Verschmelzung von Feuer und Eis entstand Audhumla, ein Wesen von anderer Natur, aber ebenso bedeutsam. Wenn Ymir die reine, ungezügelte Kraft der Schöpfung war, so war Audhumla ihr nährendes Herz, der sanfte und doch beständige Rhythmus, der durch den Kosmos hallte.

Audhumla war kein gewöhnliches Wesen. Sie war eine kolossale Kuh, ein Symbol für Nahrung und Leben in vielen alten Kulturen. Aber es wäre eine Ungerechtigkeit, sie nur auf ihre Form zu reduzieren. Audhumla war ein Symbol für die Fülle der Natur, ein Beweis dafür, dass sich das Leben selbst an den ungewöhnlichsten Orten nähren und erhalten kann. Aus ihr flossen Ströme von Milch, die Ymir mit Nahrung versorgten. Hier, in den kalten Weiten von Ginnungagap, fand sich eine Geschichte der gegenseitigen Abhängigkeit, eine Geschichte darüber, dass selbst die mächtigsten Wesen auf die einfachen, nährenden Taten eines anderen Geschöpfes angewiesen sind.

Als Audhumla Ymir fütterte, fand sie selbst Nahrung, indem sie die salzigen Eisblöcke von Ginnungagap ableckte. Und während sie dies tat, enthüllte sie langsam ein weiteres Wunder. Während ihre Zunge immer weiter über das Eis leckte, tauchte langsam eine neue Gestalt daraus auf. Dies war Buri, der erste der Götter der Asen. Mit diesem Akt war Audhumla eine Ernährerin und Schöpferin geworden, die das Schicksal der Wesen und Reiche, die noch kommen sollten, formte.

Die Geschichte von Audhumla spricht Bände über das empfindliche Gleichgewicht und die tiefgreifenden Verbindungen, die die Existenz ausmachen. Sie unterstreicht die Idee, dass jedes Wesen, egal wie groß oder klein, eine Rolle im großen Geflecht des Lebens spielt. Es ist eine Geschichte, die uns an die Bande erinnert, die das gesamte Dasein zusammenhalten, die stillen Fäden, die Geschichten, Leben und Schicksale miteinander verweben.

Audhumlas Bedeutung liegt auch in ihrer sanften Beharrlichkeit. Während Ymirs Schöpfung explosiv war, ein Zeugnis des feurigen Aufeinandertreffens der Elemente, waren Audhumlas Handlungen stetig und allmählich. Sie zeigt, dass es bei der Schöpfung nicht immer um große Gesten geht. Manchmal sind es die sanften, beständigen Taten, die die tiefgreifendsten Veränderungen bewirken. Ihre Geschichte ist eine schöne Erinnerung an die Kraft der Geduld und die Magie, die sich entfalten kann, wenn man beharrlich ist.

Für die nordischen Kulturen war die Geschichte von Audhumla nicht nur ein Bericht über die Ursprünge, sondern ein Spiegelbild des Lebens selbst. Es war eine Erzählung, die die Verbundenheit aller Dinge, das Gleichgewicht zwischen Geben und Nehmen und die stille Kraft der Beharrlichkeit feierte. Die Kenner ihrer Geschichte sahen in ihr die Rhythmen der Natur – die nährende Wärme der Sonne, die sanfte Liebkosung des Regens und die beständige Umarmung der Erde.

Die Geschichte von Audhumla flüstert uns von den Wundern des Zusammenspiels des Lebens, dem Tanz der Schöpfung und der Nahrung sowie der dauerhaften Magie, die sich entfaltet, wenn Sie Ihre Verbindungen mit der Welt um Sie herum ehren.

Die neun Welten

Yggdrasil ragt über alles hinaus, seine Äste erstrecken sich über den gesamten Kosmos und seine Wurzeln reichen bis in die Fundamente des Universums hinein. In der nordischen Mythologie ist Yggdrasil das ultimative Symbol für Verbindung und Kontinuität. Die Weltenesche unterstützt und nährt alle neun Welten und fungiert als Kanal für deren Energien und Verbindungen.

Hoch oben in der Baumkrone schimmern die Blätter von Asgard, der Heimat des Göttergeschlechtes der Asen. Gleich darunter lockt Vanaheim, das Reich der rätselhaften Götter, die man Wanen nennt. Auf einem anderen, kräftigen Ast glitzert Lichtalbenheim, wo die geheimnisvollen Lichtelfen wohnen.

Um den starken Stamm herum liegt Midgard, das Reich der Menschen, das durch Bifröst, einen sagenumwobenen Regenbogen, mit dem Göttlichen verbunden ist. Wenn Ihr Blick nach unten fällt, können Sie die Schatten von Schwarzalbenheim sehen, der Enklave der listigen Zwerge, während sich in der Nähe Jötunheim, das Land der gewaltigen Riesen, erstreckt.

Wenn Ihr Blick nun zu den knorrigen Wurzeln vordringt, offenbaren sich Ihnen tiefere Verbindungen. Drei dieser Wurzeln erstrecken sich zielgerichtet und verflechten sich mit der Essenz des Kosmos. Eine reicht bis zur Quelle von Urd in Asgard, wo die Nornen, die Schicksalsgöttinnen des nordischen Kosmos, die Schicksale weben. Eine andere taucht in die Quelle von Mimir ein, ein Reservoir von unvergleichlicher Weisheit und Wissen. Die letzte Wurzel findet ihren Weg nach Hvergelmir in Niflheim, der sprudelnden Quelle, aus der alle Wasser fließen und die die kalten Gefilde markiert. Dort befindet sich Niflheim, eingehüllt in Nebel und Kälte; der Gegenpol zur feurigen Intensität von Muspelheim. Und in den stillsten Winkeln wartet Helheim, das düstere Reich für die Seelen auf ihrer letzten Reise.

Yggdrasil und seine neun Welten zu kennen, bedeutet mehr, als nur Orte auf einer Landkarte zu finden. Es bedeutet, sich eine Weltanschauung zu eigen zu machen, eine kosmische Struktur, die Existenz, Erzählungen und Schicksale miteinander verbindet.

Asgard

Nachdem wir die ruhigen Tiefen Ginnungagaps erkundet haben und Zeugen des Auftauchens von Urwesen wie Ymir und Audhumla geworden sind, steigen wir nun hinauf in das prächtige Reich Asgards, ein himmlisches Königreich, das über allem thront und von wachenden Mauern umgeben ist.

Unter Asgard muss man sich mehr vorstellen als eine bloße himmlische Festung. Es ist ein Zusammenfluss von Tapferkeit und Intellekt, wo der Mut des Herzens mit der Weisheit des Verstandes verschmilzt. Dieses Reich ist die Heimat der Asen, einer bedeutenden Gruppe von Göttern und Göttinnen, deren Geschichten von Heldentum, Zuneigung, List und Hingabe das Rückgrat der mythischen Überlieferung bilden.

Unter der Führung von Odin tun diese Götter mehr, als nur Asgard zu bewohnen. Sie schmieden ihr Schicksal, halten ihre Ehre aufrecht und weiten ihren Einfluss auf andere Reiche aus. In den prächtig geschmückten Hallen von Walhalla und Vingolf ertönen die Freudenklänge der Götter, die Gesänge edler Krieger und das Gemurmel von Prophezeiungen, die die Zeiten überdauern.

Und doch ist Asgard eine Verkörperung der Gegensätze. Inmitten seiner triumphalen Feste und Feiern bleibt es eine Hochburg der Gelehrsamkeit und des strategischen Denkens. Odin, der stets auf der Suche nach Wissen ist, grübelt über die Rätsel des Kosmos nach, während Thor mit seinem gewaltigen Hammer wachsam bleibt und Asgard vor drohenden Gefahren beschützt.

Midgard

Wir entsteigen dem himmlischen Glanz Asgards und werden in ein Reich gezogen, das uns unheimlich vertraut vorkommt. Dies ist Midgard, eine Bastion des Lebens, die empfindlich zwischen den Reichen der Göttlichkeit und des Chaos balanciert. Mitten im Kosmos schwebend, ist Midgard von einem riesigen Ozean umgeben, in dem Jörmungandr, die mächtige Seeschlange, ihren eigenen Schwanz jagt.

Auf den ersten Blick erinnert die Landschaft mit ihren sanften Hügeln, dichten Wäldern, tosenden Meeren und hoch aufragenden Bergen an die Erde. Und dafür gibt es einen Grund. Midgard bedeutet übersetzt *„Mittlere Festung"* und steht für die Welt der Menschen. Es ist der Ort, an dem die Sterblichen leben, lieben, kämpfen und ihre Geschicke lenken.

Doch dieses Reich ist keine isolierte Insel im kosmischen Meer. Es ist mit Asgard durch Bifröst verbunden, die zarte Regenbogenbrücke, die

die tiefe Verbindung zwischen Göttern und Menschen symbolisiert. Die Bewohner von Midgard verfügen zwar nicht über die Kräfte der Asen, aber ihr Leben, ihre Entscheidungen und ihr Schicksal sind eng mit dem Göttlichen verwoben. Hier werden Helden geboren, Legenden entstehen und Sagas, die den Kern der nordischen Geschichten ausmachen, entfalten sich auf diesem Boden.

Aber in Midgard geht es nicht nur um die menschliche Erfahrung. Seine Küsten, Wälder und Himmel sind die Heimat vieler Kreaturen — von majestätischen Hirschen über furchterregende Wölfe bis hin zu rätselhaften Zwergen und Elfen. Ihre Interaktionen mit den Sterblichen machen dieses ohnehin schon lebendige Reich noch komplexer und wunderbarer.

Vanaheim

Lassen Sie nun die Vertrautheit von Midgard hinter sich und reisen Sie in ein Reich, das von uralten Energien und Geheimnissen durchdrungen ist. Dies ist Vanaheim, die grüne Wiege der Fruchtbarkeit, des Wohlstands und des Friedens. Es ist das Land der Wanen, einer Gruppe von Gottheiten, die sich von den Asgard-Asen unterscheiden, aber nicht weniger einflussreich oder verehrt sind.

Während in Asgard Geschichten von Mut und strategischem Geschick widerhallen, verkörpert Vanaheim die sanfteren Rhythmen der Natur. Die Wanen sind Götter und Göttinnen der Elemente — der Jahreszeiten, des Wachstums und des zyklischen Tanzes der Zeit. Sie sind nicht nur Zeugen der Zyklen der Natur, sondern aktive Teilnehmer daran. Ihre Essenz ist in jede blühende Knospe und jeden murmelnden Bach eingewoben.

Njörd, der Meeresgott, der die Wellen beruhigt und den Fischern reiche Fänge beschert, nennt Vanaheim sein Zuhause. Seine Kinder, der strahlende Freyr und die bezaubernde Freyja, prägen die Reiche der Fruchtbarkeit und der Liebe und beeinflussen nicht nur die Fülle des Landes, sondern auch die Gefühle und Sehnsüchte der Wesen in allen Reichen.

Aber die Bedeutung Vanaheims beschränkt sich nicht auf seine Götter. Dieses Reich ist ein Ort des Gleichgewichts. Hier trifft die unbändige

Kraft der Natur auf die ruhige Berührung der göttlichen Weisheit. Sanfte Regenfälle küssen weitläufige Wiesen und geflüsterte Geheimnisse aus längst vergangenen Zeiten hallen durch dichte Wälder. Es ist ein Ort, an dem man den Puls des Kosmos wahrhaftig spüren kann, an dem jeder Grashalm und jeder Tautropfen von uralter Magie erfüllt ist.

Jötunheim

Wenn Sie sich von den ruhigen Wiesen von Vanaheim entfernen, beginnt sich die Landschaft zu verändern; sie wird zerklüftet, wilder und trägt einen ungezähmten Geist in sich. Willkommen in Jötunheim, dem ausgedehnten Reich der Berge, der frostigen Weiten und der ungezähmten Wildnis. Diese Welt steht in krassem Gegensatz zu der geordneten Schönheit von Vanaheim oder der menschlichen Note von Midgard. Dies ist das Land der Riesen, oder, wie die nordischen Völker sie nannten, der Jöten (Singular: „Jötunn").

Jötunheim ist kein Reich des Bösen, wie man bei dem Begriff „Riesen" erwarten könnte. Stattdessen ist es ein Land der reinen, ursprünglichen Kraft. Die Riesen verkörpern hier die ungezähmten Kräfte der Natur – vom wilden Sturm bis zur mächtigen Lawine. Sie sind nicht so sehr die Bösewichte der nordischen Sagen, sondern vielmehr mächtige Wesen mit eigenen Wünschen, Beziehungen und Verwicklungen.

Im Herzen von Jötunheim liegt die Festung von Utgard, in der viele dieser rätselhaften Wesen leben. Diese Festung wird von dem listigen Utgard-Loki regiert und ist ein Beweis für die Macht der Riesen und ihre Fähigkeit, sogar die Götter Asgards herauszufordern. Thor, der Donnergott, hält sich oft in Jötunheim auf, manchmal im Konflikt mit den Bewohnern und manchmal, um von ihnen zu lernen.

Die Jöten sind zwar mächtig, aber sie besitzen auch Weisheit, Verstand und Wissen. Ihre Interaktionen mit Göttern und Sterblichen offenbaren oft tiefe Wahrheiten und bieten Einsichten, die Schicksale neu gestalten. Jötunheim ist ein Reich, in dem Stärke auf Intellekt trifft, in dem die Grenzen zwischen Freund und Feind verschwimmen und in dem sich Geschichten von Herausforderungen, Rätseln und unerwarteten Allianzen entfalten.

Lichtalbenheim

Jenseits der zerklüfteten Landschaften von Jötunheim lockt ein sanftes Strahlen, das uns in ein in zartes Licht getauchtes Reich führt. Dies ist Lichtalbenheim, ein Reich, in dem jede Lichtung, jeder Bach und jede Brise in einem sanften, jenseitigen Glanz schimmert. Hier fühlt sich die Luft leichter an, erfüllt von einer Ruhe, die den Geist besänftigt.

Lichtalbenheim ist die Heimat der Lichtelfen, anmutiger Wesen, die für ihre Schönheit und geheimnisvolle Präsenz bekannt sind. Sie sind nicht die schelmischen Elfen der gewöhnlichen Folklore, sondern Wesen von echter Anmut und Klarheit. Sie bewegen sich mit sanfter Eleganz und bewohnen das Land, pflegen die leuchtende Flora und nähren die zarten Harmonien ihres Reiches.

Die Landschaften hier gleichen einer verzauberten Vision. Silberblättrige Bäume mit goldenen Früchten stehen an kristallklaren Gewässern, die die unzähligen Farben des Himmels über ihnen widerspiegeln. Sanfte und beschwingte Melodien wehen durch die Luft und es herrscht eine magische Atmosphäre von ewiger Dämmerung.

Trotz ihrer himmlischen Schönheit sind die Lichtelfen keine bloße Dekoration in dieser schimmernden Welt. Sie besitzen eine tiefe Weisheit und helfen Göttern und Sterblichen oft mit ihren Erkenntnissen. Schon so mancher Held hat sich nach Lichtalbenheim gewagt, um ihren Rat zu suchen oder sich einfach in der heiteren Schönheit des Reiches zu sonnen.

Lichtalbenheim mag zwar weit entfernt von den Herausforderungen und Abenteuern anderer Reiche erscheinen, aber es birgt seine eigenen Geheimnisse. Verborgene Haine, uralte Rituale und Geschichten über Liebe, Kunstfertigkeit und Träume fließen harmonisch in sein Gefüge ein. Auf unserer Reise durch die lieblichen Wiesen und unter den Sternenhimmeln bietet Lichtalbenheim uns eine Pause, einen Hauch von leuchtendem Wunder in der gewaltigen Saga des nordischen Kosmos.

Schwarzalbenheim

Nach dem Abstieg aus der schimmernden Klarheit von Lichtalbenheim nimmt unser Weg eine rätselhafte Wendung. Die Atmosphäre verdichtet sich, Schatten tanzen und die Erde scheint voller Geheimnisse zu stecken. Schwarzalbenheim, auch bekannt als Nidavellir, ist ein Reich mit höhlenreichen Tiefen, verborgenen Schätzen und unvergleichlicher Handwerkskunst. Im Gegensatz zu der luftigen Schönheit von Lichtalbenheim liegen die Wunder hier unter der Erde, im Herzen des Landes.

Dieses unterirdische Reich ist die Hochburg der Zwerge, der Meisterschmiede und Kunsthandwerker, die im ganzen Kosmos für ihr Können bekannt sind. Diese fleißigen Wesen haben vielleicht nicht die Eleganz der Lichtelfen oder die unbändige Kraft der Jöten, aber sie üben eine andere Art von Einfluss aus: die Kunst der Schöpfung. Ihre Hände haben einige der berühmtesten Artefakte der nordischen Mythologie geschmiedet. Mjöllnir, Thors mächtiger Hammer, und sogar die Kette, die den furchterregenden Wolf Fenrir bindet, sind das Ergebnis ihrer unvergleichlichen Handwerkskunst.

Das Land Schwarzalbenheim selbst ist ein Wunderwerk. Tiefe Tunnel führen zu riesigen Kammern, die von leuchtenden Mineralien erhellt werden. Flüsse aus geschmolzenem Metall fließen hier, und das rhythmische Geräusch von Hämmern auf Ambossen bringt das Gestein zum Schwingen. Aber es gibt nicht nur Feuer und Metall. Es gibt auch Höhlen, die mit Edelsteinen in allen Farben gefüllt sind, die wiederum die Schönheit und das Geheimnis des Reiches widerspiegeln.

Aber die Zwerge sind nicht nur Meister ihres Faches, sondern auch gewiefte Feilscher, mit denen nicht zu spaßen ist. Es gibt viele Geschichten, in denen die Götter auf der Suche nach Fachwissen mit der Komplexität von Geschäften, mit Abmachungen und manchmal auch mit Täuschungen der Zwerge zurechtkommen müssen.

Niflheim

Von den geschäftigen Korridoren Schwarzalbenheims wagen Sie sich in ein Reich, in dem die Luft kälter wird und ein dicker Nebel alles zu umhüllen beginnt. Dies ist Niflheim, wo eisige Winde Geschichten aus alten Zeiten flüstern und der dichte Nebel Geheimnisse birgt, die bisher nicht entschlüsselt wurden. Niflheim verkörpert die ursprüngliche Kälte, ein Land aus Eis und Nebel, weit entfernt von der Wärme der anderen Reiche.

Doch Niflheim ist mehr als nur eine karge Weite aus Frost und Nebel. Tief in seinen eisigen Weiten verborgen liegt die Quelle aller Wasser, Hvergelmir, aus der unzählige Flüsse fließen. Sie ist eine Quelle des Lebens, aber paradoxerweise liegt sie in einem Reich, das oft mit Trostlosigkeit assoziiert wird.

Und dann sind da noch die Bewohner. In dieser frostigen Welt tummeln sich Kreaturen aus Eis, die an die unbarmherzigen Bedingungen des Reiches angepasst sind. Aber keine ist so bemerkenswert wie Nidhögg, der furchterregende Drache, der an den Wurzeln von Yggdrasil, dem Weltenbaum, nagt. Seine Handlungen mögen zerstörerisch erscheinen, aber er spielt eine entscheidende Rolle bei der Wahrung des Gleichgewichts zwischen Leben und Verfall.

Eine Reise durch Niflheim ist wie ein Schritt zurück in eine Ära, in der der Kosmos noch seine Form fand, in der die Kälte nicht nur eine Temperatur, sondern eine ursprüngliche Kraft war. Jede Schneeflocke, jeder Windstoß trägt hier das Gewicht von Jahrhunderten.

Während sich viele Erzählungen der nordischen Mythologie um Schlachten und Tapferkeit drehen, bietet Niflheim eine andere Erzählung. Hier stehen Ausdauer, Unverwüstlichkeit und die Kraft der Natur im Mittelpunkt. Diese Welt erinnert an die Weite des Kosmos, an Reiche jenseits des Vertrauten und an den ewigen Tanz von Schöpfung und Auflösung. In seiner eisigen Umarmung birgt Niflheim Geheimnisse, die so alt sind wie der Kosmos und die auf diejenigen warten, die mutig genug sind, sie zu erforschen.

Muspelheim

Von den klirrend kalten Weiten Niflheims werden Sie plötzlich in ein Inferno aus tosenden Flammen und sengender Hitze gestoßen. Dies ist Muspelheim, das polare Gegenteil von Niflheim, ein Reich, das vor Feuer und Chaos nur so strotzt. Hier ist der Himmel mit leuchtenden orangefarbenen, roten und goldenen Streifen bemalt und der Boden wird von der unerbittlichen Energie des Landes selbst erschüttert.

Muspelheim verkörpert, jenseits seiner Rolle als Ort der Zerstörung und der Hitze, die Essenz der Schöpfung durch das Feuer. So wie Niflheim die Urkälte verkörpert, steht Muspelheim für das ursprüngliche Feuer, das Wärme, Energie und kosmische Transformation bringt.

Surt, der kolossale Feuerriese, der mit seiner Präsenz mächtig und bedrohlich wirkt, wacht über diese feurigen Lande. Mit seinem flammenden Schwert, das es mit dem Glanz der Sonne aufnehmen kann, ist Surt sowohl ein Wächter als auch ein Vorbote der wilden Energie Muspelheims. Legenden erzählen von seiner zentralen Rolle in Ragnarök, dem Ende der Tage, wenn er die Welt in Flammen setzen und sie für einen Neuanfang reinigen wird.

Die Landschaft hier ist ständig im Wandel, geformt und umgestaltet von den unaufhörlichen Flammen. Vulkane brechen aus und erschaffen neue Landformen, während sich flüssige Lavaströme ihren Weg durch das Terrain bahnen. Dieser ständige Wandel ist ein Zeugnis der Natur Muspelheims: ein Reich, in dem Schöpfung und Zerstörung Hand in Hand gehen.

Aber in dieser Welt geht es nicht nur um die reine, ungezügelte Kraft. Die Flammen von Muspelheim stehen auch für Leidenschaft, Sehnsucht und den Drang, voranzukommen. Sie sind eine Erinnerung daran, dass aus Chaos und Herausforderungen neue Möglichkeiten entstehen können.

Helheim

Wenn Sie sich von der glühenden Intensität Muspelheims entfernen, kehrt eine düstere Ruhe ein. Das Land wird stiller und ein Hauch von Endgültigkeit legt sich über alles. Wir sind in Helheim angekommen, dem Reich der Toten. Im Gegensatz zu den üblichen Darstellungen von Unterwelten in anderen Mythologien ist Helheim nicht nur ein Ort der Qualen oder des Leids. Vielmehr ist es ein Ort der Besinnung, der Ruhe und des unvermeidlichen Kreislaufs von Leben und Tod.

Helheim wird von Hel regiert, der rätselhaften Herrscherin, deren Name zum Synonym für ihr Reich geworden ist. Sie wurde von Loki und der Riesin Angrboda geboren und ist eine missverstandene Figur. Auf Hels Antlitz verschmelzen Leben und Tod miteinander. Eine Seite ihres Körpers ist lebendig und pulsierend, während die andere blass und leblos ist. Diese Dualität repräsentiert perfekt ihr Reich, einen Ort, der eine Brücke zwischen den Lebenden und den Toten bildet.

Die Landschaft von Helheim ist vielfältig. Es gibt ruhige Wiesen, auf denen die Seelen ausruhen und über ihr Leben nachdenken, und dunklere Ecken, in denen das Gewicht der eigenen Taten stärker zu spüren sein könnte. Dennoch ist Helheim kein Ort der ewigen Verdammnis. Stattdessen ist es eher ein Ort des Verweilens, ein Ort, an dem die Seelen vor der nächsten Phase ihrer Reise zur Ruhe kommen.

Wenn Sie durch Helheim reisen, stoßen Sie vielleicht auf die massive Brücke namens Gjallarbru, die von der wilden Jungfrau Modgud bewacht wird. Diese Brücke dient als Übergang für die Seelen, und manchmal kann man das Echo des Gjallarhorns hören, das die Ankunft der Verstorbenen ankündigt.

KAPITEL 2

ASEN UND WANEN

*H*aben Sie sich jemals gefragt, woher der englische Name des Wochentages *„Wednesday"* kommt? Oder warum der *„Donnerstag"* so besonders klingt?

Tauchen Sie ein in die geheimnisvollen Gefilde der nordischen Mythologie, wo Götter und Göttinnen durch Geschichten von Liebe, Verrat und Heldentum navigieren. Lernen Sie in diesem Kapitel die mächtigen Asen und die naturverbundenen Wanen kennen, zwei göttliche Clans, die sich einst bekriegten, später aber zur Einheit fanden. Von Odin, dem weisen Allvater, mit seinen Raben als Gefährten, bis zu Freyja, der bezaubernden Göttin, die mit einem gefiederten Mantel fliegt, haben diese Geschichten Dichter, Schriftsteller und Filmemacher über Jahrhunderte hinweg inspiriert.

Asen und Wanen gegenübergestellt

Bevor Sie sich näher mit den einzelnen Göttern und ihren Heldentaten befassen, sollten Sie die nordische Mythologie von Grund auf erkunden. Stellen Sie sich zwei mächtige Familien mit unterschiedlichen Überzeugungen, Werten und Stärken vor, die jeweils über ihre Territorien herrschen und beide um Einfluss in der kosmischen Ordnung der Dinge wetteifern. Das sind die Asen und die Wanen, zwei Clans, die das Fundament der nordischen Mythologie bilden und für Macht und Koexistenz stehen. Wenn Sie das Wesen ihrer uralten Rivalität und ihrer letztendlichen Versöhnung verstehen, erhalten Sie einen klareren Blick auf ihre Geschichten, durch den Ihnen jeder Triumph und jede Tragödie noch tiefgründiger erscheint.

Die Asen

Die Asen, oder Krieger von Asgard, sind das bekanntere Pantheon im nordischen Kosmos. Sie stammen aus der großen Stadt Asgard, die durch Bifröst, die schimmernde Regenbogenbrücke, mit der Welt der Menschen verbunden ist. In vielerlei Hinsicht verkörpert Asgard die Quintessenz von Macht und Autorität. Diese Götter werden oft mit Krieg, Weisheit und dem Himmel in Verbindung gebracht. Odin, der Allvater, führt diesen Clan an, mit seinem Sohn Thor an seiner Seite, der seinen mächtigen Hammer gegen die Riesen schwingt.

Die Ursprünge der Asen gehen zurück auf Ginnungagap. Aus dieser stillen Leere stiegen die ersten Wesen auf, darunter die Asen. Diese Gruppe definierte sich im Laufe der Zeit durch Geschichten von Tapferkeit, komplizierter Politik und dem unaufhörlichen Streben nach Wissen. Ihr Wesen ist geprägt von Führungsqualitäten, Visionen und der Fähigkeit, die Geschicke zu lenken. Als Hüter der Ordnung waren sie stets bestrebt, Struktur in die weitläufigen Welten von Yggdrasil, dem Weltenbaum, zu bringen.

Die Wanen

Die Wanen hingegen, die aus dem fruchtbaren Land Vanaheim stammen, repräsentieren eine andere Facette der Göttlichkeit. Während die Asen grimmig und gebieterisch sind, sind die Wanen nährend, harmonisch und tief mit den Rhythmen der Erde verwoben. Diese Gottheiten stehen den Aspekten der Fruchtbarkeit, des Wohlstands und der Natur vor. Freyr, der Gott der Fruchtbarkeit, und Freyja, die Göttin der Liebe und Schönheit, verdeutlichen beispielhaft das Wesen der Wanen.

Die Wurzeln der Wanen liegen in den reichen Böden und fließenden Gewässern der Welt. Sie sind so alt wie die Berge und Flüsse, über die sie wachen. Die Götter der Wanen verstehen das empfindliche Gleichgewicht des Lebens. Sie sind die Hüter des Wachstums, die Wächter des Überflusses und die Meister des Landes und der Meere. Ihre Geschichten sind verwoben mit Erzählungen über jahreszeitliche Zyklen, reiche Ernten und die Ebbe und Flut der Gezeiten.

Wie Sie beide Gruppen unterscheiden können

Obwohl die beiden Clans in ihren Werten und Herrschaftsbereichen Welten voneinander entfernt scheinen, machen ihre Unterschiede das nordische Pantheon fesselnd. Es gab eine Zeit, in der diese Unterschiede zum Krieg führten, einem kosmischen Konflikt, der durch die neun Reiche hallte.

Im Folgenden finden Sie einige Hinweise, die Ihnen helfen, sich die Unterschiede zwischen den beiden Clans zu merken:

- **Symbolische Visualisierung:** Erschaffen Sie eine mentale oder visuelle Vorstellung für jeden Clan. Stellen Sie sich die Asen als majestätische Adler vor, die hoch auffliegen und die Lüfte beherrschen. Stellen Sie sich die Wanen dagegen als robuste Eichen vor, die tief in der Erde verwurzelt sind und Schutz und Nahrung bieten.
- **Mantras oder Schlüsselwörter:** Weisen Sie jeder Gruppe bestimmte Wörter zu, um sie schnell voneinander unterscheiden zu können. Für die Asen könnten Wörter wie *„Himmel"*, *„Autorität"* und *„Krieg"* passend sein. Wörter wie *„Erde"*, *„nährend"* und *„Ernten"* fassen das Wesen der Wanen zusammen.
- **Verwenden Sie Farben:** Wenn Sie die beiden Clans studieren oder über sie nachdenken, ordnen Sie jedem eine Farbe zu. Vielleicht Silber oder Blau für die himmelsliebenden Asen und Grün oder Gold für die erdverbundenen Wanen. Diese Farben können als Gedächtnisstütze dienen und dabei helfen, sich an die wichtigsten Eigenschaften der beiden Clans zu erinnern.
- **Besinnen Sie sich auf die Grundwerte:** Wenn Sie die Geschichten oder Mythen der beiden Clans lesen, sollten Sie immer wieder auf deren Grundwerte zurückkommen. *Spiegelt die jeweilige Geschichte Macht, Weisheit und Führung (Asen) oder Fruchtbarkeit, Wachstum und Harmonie (Wanen) wider?*
- **Ort und Umgebung:** Erinnern Sie sich an die Heimat der Göttergeschlechter. Stellen Sie sich die Größe Asgards und den schimmernden Bifröst vor, der es mit Midgard verbindet. Stellen Sie dazu

23

die fruchtbaren Landschaften von Vanaheim mit ihrem üppigen Grün und den lebendigen Flüssen in Kontrast.

- **Nachvollziehbare Analogien:** Vergleichen Sie die beiden Clans mit bekannten Konzepten oder Geschichten. Die Asen könnten mit den Königen und Kriegern in einer Burg verglichen werden, während die Wanen als Bauern und Seeleute angesehen werden könnten, die eng mit dem Land und den Gewässern, also der Natur, verbunden sind.

- **Verinnerlichen Sie sich ihre Dualität:** Anstatt sie als getrennte Wesen zu sehen, betrachten Sie die Asen und Wanen als zwei Seiten derselben Medaille. Verstehen Sie, dass die Existenz des einen die Bedeutung des anderen steigert. Denken Sie darüber nach, wie die Unterschiede der beiden Götterclans den nordischen Kosmos bereichern, so wie der Tag das Gegenstück zur Nacht bildet oder wie Sonne und Regen zusammenarbeiten, um die Erde zu nähren.

Die Götter und Göttinnen der Asen

Diese himmlischen Wesen, die im majestätischen Reich Asgard residieren und oft als Krieger, Könige und Seher dargestellt werden, spielen eine entscheidende Rolle bei der Gestaltung des Schicksals der Sterblichen und der Aufrechterhaltung des kosmischen Gefüges selbst. Inmitten goldener Hallen und den Melodien der Skalden dominieren diese Götter und Göttinnen die Überlieferungen und spiegeln die Tugenden, Laster und Werte der Wikingergesellschaft wider. Schreiten Sie durch die weiten Korridore Asgards und enthüllen Sie die Geschichten dieser legendären Figuren.

Odin (der allwissende Allvater von Asgard)

In der verschlungenen Welt der nordischen Mythologie, in der verschiedene Wesen — Götter, Riesen, Elfen und Zwerge — miteinander interagieren und sich umeinander ranken, gibt es eine Figur, die sich deutlich abhebt und das Kommando innehat. Odin ist das Oberhaupt der Asen und der Herrscher von Asgard. Er verkörpert Weisheit, Führung und Opferbereitschaft.

Odin als den König der Götter zu bezeichnen, wäre eine Untertreibung. Er ist der Allvater, der mehrere Rollen verkörpert, eine so komplex und wichtig wie die andere. Für diejenigen, die nach Wissen streben, ist Odin der Inbegriff des ewigen Schülers, der stets getrieben ist von unstillbarem Wissensdurst. Für die Krieger ist er der göttliche Stratege, der ihnen die Weisheit des Kampfes vermittelt. Und für Dichter und Seher ist er die Muse, der Bringer von Inspiration und Weitsicht. Hier sind drei Geschichten, die Odins Komplexität und Bedeutung veranschaulichen:

Odins Opfer bei Yggdrasil

Odins Wissensdurst ist unvergleichlich. Obwohl er bereits weise war, sehnte er sich nach einem tieferen Verständnis des Universums. Dies führte ihn zu den Wurzeln von Yggdrasil, wo im Urd-Brunnen Wasser voller alter Weisheit auf ihn wartete.

Am Rande des Brunnens angekommen, wurde Odin von Mimir empfangen, dem alten Wesen, das den Brunnen bewachte. Mimir, der für seine unvergleichliche Weisheit bekannt ist, erkannte Odins sehnlichen Wunsch. Doch das Wasser des Urd-Brunnens gab seine Geheimnisse nicht freiwillig preis. Etwas musste dafür bezahlt werden. Odin musste eines seiner Augen opfern.

Stellen Sie sich für einen Moment die Tragweite dieser Entscheidung vor. Odin, der Allvater, eine Figur von immenser Macht und Ansehen, wurde gebeten, einen Teil von sich selbst aufzugeben, sich selbst zu verstümmeln, nur um einen Schluck aus diesem rätselhaften Brunnen trinken zu dürfen. Doch die Schwere dieser Entscheidung deutete auch auf den unermesslichen Wert der Erkenntnisse des Brunnens hin.

In einem Akt, der in den neun Reichen nachhallte, riss Odin mit einer Entschlossenheit, die seine legendäre Statur nur noch verstärkte, eines seiner Augen heraus und opferte es dem Brunnen. Als das Auge in die Tiefe sank, regte sich das Wasser und nahm sein Opfer an. Der Schmerz war unmittelbar, sowohl körperlich als auch geistig, als Odin die äußere Sicht gegen eine innere Vision eintauschte.

Dieses Opfer war voller Symbolkraft. Auf einer Ebene stand es für die Vorstellung, dass wahre Weisheit oft persönliche Opfer erfordert, dass man etwas Wertvolles aufgeben muss, um etwas noch Wertvolleres zu gewinnen. Auf einer tieferen Ebene betonte es die Dualität von Verlust und Gewinn. Indem Odin ein Auge verlor, gab er einen Teil seiner weltlichen Vision auf, aber im Gegenzug gewann er eine Klarheit, mit der er über das Physische hinaussah und die Schleier von Zeit, Raum und Illusion durchdrang.

Durch dieses Opfer erlangte Odin mehr als nur Wissen; er gewann tiefe Einsicht. Er konnte nun den Fluss des Schicksals sehen und wie die Vergangenheit, die Gegenwart und die Zukunft zusammenhängen. Indem er ein Auge opferte, sah Odin über die normalen Grenzen hinaus und verstand die Tiefe, die Ursprünge und das Ende des Lebens.

Der Militärstratege

Aber Odins Bereich war nicht auf das Streben nach Weisheit beschränkt. Als Militärstratege war er eng mit dem Schlachtfeld verbunden. Er schätzte Mut und Tapferkeit, und um die gefallenen Helden zu ehren, ließ er seine vertrauten Walküren über die Schlachtfelder fliegen, um die tapfersten Krieger, die im Kampf gefallen waren, auszuwählen und sie nach Walhalla, Odins großer Halle in Asgard, zu geleiten.

In Walhalla sollten sich diese auserwählten Krieger, die Einherjar genannt wurden, auf Ragnarök, das Ende der Tage, vorbereiten. Tagsüber trainierten sie und nachts genossen sie Feste zu Ehren ihrer Tapferkeit. Ihr Mut wurde ständig gefeiert. Odin, der stets vorausschauende Anführer, sorgte dafür, dass seine Armee für die letzte Schlacht bereit war, während er die Gesellschaft dieser würdigen Seelen genoss.

Hugin und Munin

In der nordischen Mythologie offenbaren subtilere Symbole oft tiefere Wahrheiten. Unter ihnen stechen zwei schwarze Raben hervor, die auf den Schultern von Odin thronen und ihm Geschichten aus den anderen Reichen zuflüstern. Es sind Hugin und Munin, die Augen und Ohren des Allvaters.

Sie sind so aufschlussreich wie die Geschichten, die sie erzählen. *Hugin,* was „*Gedanke*" bedeutet, und *Munin,* was „*Erinnerung*" bedeutet, sind nicht einfach nur Vögel, sondern stellen grundlegende Aspekte von Odins Psyche dar. Sie sind eine Erweiterung seines Bewusstseins, die durch die Lüfte schweben und sich dorthin wagen, wo selbst Götter zögern würden, hinzugehen.

Wenn im Morgengrauen die ersten Sonnenstrahlen über die hohen Türme Asgards fallen, erheben sich Hugin und Munin in die Lüfte. Sie durchqueren die neun Reiche, von den eisigen Weiten Niflheims bis zu den feurigen Tiefen Muspelheims, beobachten die Ereignisse, sammeln Geschichten und werden Zeugen der Entfaltung von Schicksalen. Wenn der Abend hereinbricht und die Schatten länger werden, kehren sie zu Odin zurück, setzen sich auf seine Schultern und erzählen ihm, was sie gesehen und gehört haben.

Auch wenn sie als bloße Boten wahrgenommen werden, sind ihre Rollen tief mit Odins Wesen verwoben. Sie erinnern an das Gleichgewicht zwischen Denken und Erinnern, zwischen der Planung für die Zukunft und der Bewahrung der Vergangenheit. Gerade wegen seiner enormen Weisheit weiß Odin um den Wert der Perspektive. Durch Hugin gewinnt er neue Einsichten und erweitert so ständig seinen riesigen Wissensschatz. Währenddessen sorgt Munin dafür, dass die Lektionen der Geschichte, die Erinnerungen an vergangene Zeiten, niemals vergessen werden.

Es gibt eine Textstelle in den nordischen Sagen, dass Odin den Verlust von Munin mehr fürchtet als den von Hugin. Dies unterstreicht die Gewichtigkeit der Erinnerung und die Bedeutung der Vergangenheit bei der Gestaltung von Handlungen, Entscheidungen und Schicksalen. Das Vergessen der eigenen Geschichte und Wurzeln ist ein Schicksal, das selbst Götter fürchten.

Thor (Gott des Donners)

Inmitten des tosenden Himmels und des widerhallenden Donners macht Thor seine beeindruckende Präsenz spürbar. Er ist als Schutzgott bekannt und verkörpert Stärke und Tapferkeit. Mit einem Herzen, das so groß ist wie die Ozeane, und einem Temperament, das so heftig ist wie ein Sturm, verkörpert Thor den Inbegriff des Kriegergeistes. Jede seiner Geschichten ist ein Zeugnis seines unstillbaren Drangs, die Reiche zu schützen und das Chaos in Schach zu halten.

Das Herzstück seiner Identität ist Mjöllnir, sein legendärer Hammer. Er wurde von den geschickten Zwergenbrüdern Sindri *(oder Eitri)* und Brokkr geschmiedet und ist nicht nur eine Waffe, sondern ein Symbol. Wenn Thor Mjöllnir schwingt, steht dies für Gerechtigkeit, Verteidigung und den unerbittlichen Kampf gegen Kräfte, die den Frieden und die Harmonie bedrohen, und nicht nur für reine Kraft.

Die Geburt von Mjöllnir

Um Ihre Neugier zu befriedigen: Thors legendärer Hammer, Mjöllnir, wurde ihm nicht einfach so überreicht. Seine Entstehung geht auf eine Wette zurück, die von Betrug geprägt war. Loki, der Trickstergott, scherte einst böswillig das Haar von Sif, Thors geliebter Frau, ab. Um Thors Zorn zu entgehen, versprach Loki, Sif noch schöneres Haar aus Gold zu schenken, und ging zu den Zwergen, um es anfertigen zu lassen. Doch Lokis intrigante Natur konnte der Versuchung nicht widerstehen, noch mehr Unheil anzurichten. Er schloss eine Wette mit den Zwergenbrüdern Sindri *(oder Eitri)* und Brokkr ab und behauptete, ihre Kreationen könnten es niemals mit denen der Söhne von Ivaldi, einem anderen Geschwisterpaar talentierter Zwerge, aufnehmen. Um die Sache interessant zu machen, verwettete Loki seinen Kopf.

Als die Brüder in ihrer Schmiede arbeiteten, versuchte Loki, sie zu sabotieren, weil er fürchtete, die Wette zu verlieren. Trotz seiner Einmischung brachten die Brüder drei magische Schätze hervor, und einer davon war

Mjöllnir. Durch Lokis Einmischung wurde jedoch der Griff des magischen Hammers verkürzt, woher sein unverwechselbares Aussehen rührt. Obwohl die Söhne von Ivaldi wunderbare Gegenstände herstellten, darunter Sifs neues goldenes Haar, waren die Götter der Meinung, dass Mjöllnir der wertvollste von allen war, da er die Götter gegen die Riesen verteidigen konnte. So verlor Loki die Wette, konnte aber in typischer Loki-Manier entkommen, ohne dabei seinen Kopf zu verlieren.

Loki (der Trickster unter den Asen)

Loki ist in der Tat eine Figur von unvergleichlicher Komplexität in der nordischen Mythologie. Obwohl er zu den Asen gezählt wird, ist seine Abstammung eine Mischung aus Göttlichem und Elementarem, denn er ist der Sohn des Riesen Farbauti und der Göttin Laufey. Dieses doppelte Erbe verleiht ihm eine einzigartige Position im Pantheon – er ist weder ein Gott noch ein Riese, sondern besitzt Eigenschaften von beiden. Diese Dualität manifestiert sich in seinen Handlungen, seiner Loyalität und seinem Wesen.

Lokis Charakter zeichnet sich durch seine Gerissenheit, seine Anpassungsfähigkeit und seine Vorliebe für Unfug aus. Er ist weder böse noch rein gut, sondern eine sprunghafte Kraft, die sowohl Freude als auch Unheil bringt. Obwohl er den Göttern in verschiedenen Situationen hilft, ist er auch die Ursache für viele ihrer schlimmsten Schwierigkeiten.

Die Geschichte vom gestohlenen goldenen Haar

Eine der faszinierendsten Geschichten, die mit Loki in Verbindung gebracht werden, ist die Geschichte des Diebstahls von Sifs goldenem Haar. Sif, die Frau von Thor, war bekannt für ihre schönen, golden schimmernden Locken. Eines Morgens wachte sie jedoch auf und musste feststellen, dass diese in ihrem Schlaf böswillig abgeschoren worden waren, wobei Loki der Hauptverdächtige für diese bösartige Tat war.

Als der wütende Thor die Entstellung seiner Frau entdeckte, ergriff er Loki und drohte, ihm alle Knochen zu brechen, wenn er die Sache nicht in Ordnung bringt. Um sein Unrecht wiedergutzumachen, versprach Loki, Sif mit noch prächtigerem Haar aus echtem Gold zu versorgen, das genau wie natürliches Haar wachsen würde.

Loki stieg daraufhin hinab nach Schwarzalbenheim, dem Reich der Zwerge, das für sein außergewöhnliches Handwerk bekannt war. Dort suchte er die Söhne Ivaldis auf – renommierte Zwergenhandwerker – und beauftragte sie, neues goldenes Haar für Sif zu schmieden. Getrieben von seiner schalkhaften Natur erhöhte Loki den Einsatz, indem er seinen eigenen Kopf darauf verwettete, dass die Werke der Ivaldi-Brüder jene eines anderen Paares meisterhafter Zwerge, Brokk und Sindri, übertreffen würden.

Die Söhne von Ivaldi schmiedeten nicht nur neue goldene Haare für Sif, sondern stellten auch zwei weitere magische Gegenstände her: ein Schiff namens Skidbladnir und einen unbezwingbaren Speer namens Gungnir. In der Zwischenzeit nahmen Brokkr und Sindri Lokis Herausforderung ebenfalls an und schmiedeten drei weitere Schätze, darunter Mjöllnir, Thors Hammer *(der allerdings aufgrund von Lokis Einmischung einen zu kurzen Griff bekam)*.

Trotz Lokis Versuchen, den Wettbewerb zu sabotieren, und obwohl die von beiden Parteien geschmiedeten Gegenstände von unschätzbarem Wert waren, wurde am Ende entschieden, dass Mjöllnir mit seiner lebenswichtigen Bedeutung für die Verteidigung der Götter der wertvollste aller hergestellten Gegenstände war. So kam Brokkr, um Lokis Kopf zu fordern. Loki war schon immer der gerissene Betrüger und nutzte ein technisches Schlupfloch, um seinen Kopf zu retten.

Denn als Brokkr kam, um Lokis Kopf gemäß ihrer Wette einzufordern, stimmte Loki zu, wies aber geschickt darauf hin, dass Brokkr zwar einen Anspruch auf seinen Kopf hatte, ihre Wette aber nicht die Erlaubnis beinhaltete, dabei seinen Hals zu verletzen. Doch Brokkr konnte Lokis Kopf nicht nehmen, ohne den Hals zu beschädigen, was wiederum nicht Teil ihrer Vereinbarung war.

Verblüfft von Lokis schlauen Argumenten, aber immer noch mit dem Wunsch nach einer Form der Entschädigung für die betrügerische Wette, beschloss Brokkr, Loki zur Strafe den Mund zuzunähen. Damit wurde der silberzüngige Gott des Unfugs sowohl symbolisch als auch buchstäblich zum Schweigen gebracht, zumindest für eine Weile.

Frigg (Göttin der Ehe)

Frigg leuchtet mit einem sanften, strahlenden Glanz in der Konstellation der Asen-Sterne. Als Königin der Asen und Odins Gemahlin ist sie nicht nur von der Abstammung her königlich, sondern auch vom Wesen her. Frigg ist der Inbegriff von Weisheit, Liebe und Mutterschaft. Ihre Aura ist geprägt von Wärme, Weitsicht und sanfter Macht.

Oft kann man sie dabei beobachten, wie sie mit ihrem Spinnrocken die Fäden des Schicksals spinnt. Sie besitzt das Wissen um die Zukunft, auch wenn sie es nie preisgibt. Als Mutter ist ihre Liebe grenzenlos, sie begrüßt ihre Kinder und jede Seele in den neun Reichen mit offenen Armen. Ihre Geschichten handeln von Aufopferung, stiller Stärke und der unnachgiebigen Kraft der Liebe einer Mutter.

Neben ihren göttlichen Aufgaben ist Frigg auch die Beschützerin der Ehe und des Hauses. Viele beten zu ihr und bitten um den Segen für eine harmonische Verbindung oder ein glückliches Zuhause. Als Göttin, die die Komplexität von Beziehungen versteht, schenkt Frigg den Sterblichen in ihrer unendlichen Weisheit Geduld, Verständnis und Liebe.

Mit jeder Faser ihres Wesens verkörpert Frigg die vielschichtige Natur der Weiblichkeit – sie ist Mutter, Ehefrau, Seherin und Anführerin. Durch ihre Geschichten versteht man die Tiefe ihrer Gefühle, das Gewicht ihrer Weisheit und die Weite ihres Einflusses. Ihr Vermächtnis in der nordischen Mythologie ist nicht nur ihre Rolle als Odins Frau, sondern das einer Gottheit, die ihr Reich durch ihre Macht, ihr Mitgefühl und ihre Anmut prägt.

Baldur (Gott des Lichts und der Schönheit)

Die Geschichte von Baldur hat die Zeiten überdauert und die Herzen der Menschen mit ihrer ergreifenden Schönheit berührt. Als Gott des Lichts und der Reinheit wurde Baldur von allen geliebt und war ein Leuchtfeuer der Hoffnung und Freude in Asgard. Seine Ausstrahlung war unvergleichlich, sein Auftreten sanft und sein Geist gütig. Doch jedes Licht wirft einen Schatten.

Sein tragisches Ende, das durch einen bloßen Mistelzweig herbeigeführt und vom listigen Loki inszeniert wurde, stürzte die Reiche in tiefe Trauer. Sein jammervoller Tod war nicht nur ein persönlicher Verlust, sondern ein kosmischer, der den Beginn der Ereignisse markierte, die zu Ragnarök, dem Ende der Tage, führten. Baldurs Geschichte ist eine eindringliche Erinnerung an die Vergänglichkeit des Lebens und die tiefgreifende Auswirkung, die ein einziges Leben auf das Gefüge des Kosmos haben kann.

Weniger bekannte Figuren unter den Asen

Auch wenn die oben genannten Figuren oft im Rampenlicht stehen, ist der Clan der Asen riesig und jedes Mitglied hat eine Geschichte, die es wert ist, erzählt zu werden.

Hödur (der blinde Gott)

Hödur, der in die tragischen Schatten seiner Blindheit gehüllt ist, ist nicht nur wegen seines körperlichen Leidens, sondern auch wegen seiner unfreiwilligen Rolle in einer der ergreifendsten Geschichten der nordischen Überlieferung bekannt. Vielen ist er als der Gott bekannt, der unabsichtlich seinen geliebten Bruder Baldur tötete. Die Folgen dieser Tat waren der Auslöser für die Ereignisse, die zu Ragnarök führten. Hödurs Geschichte ist eine melancholische Reflexion über die unausweichliche Schlinge des Schicksals und die tiefgreifende Komplexität des Lebens der Götter.

Tyr (Gott des Gesetzes und des heroischen Ruhmes)

In einem Pantheon voller tapferer Götter glänzt Tyr als eine Verkörperung von Opferbereitschaft und Tapferkeit. Am berühmtesten ist Tyr für seine Begegnung mit Fenrir. Er zeigt beispiellosen Mut, als er dem Wolf als Vertrauensbeweis seine Hand ins Maul steckt, während die Götter versuchen, die Kreatur zu fesseln. Als Fenrir merkt, dass er ausgetrickst wurde, beißt er Tyr die Hand ab und erinnert den Gott damit auf ewig daran, dass dieser sich für das Allgemeinwohl aufgeopfert hat.

Heimdall (Wächter von Bifröst)

Heimdall besitzt so scharfe Sinne, dass er hören kann, wie das Gras auf der Erde und die Wolle der Schafe wächst. Er ist der stets wachsame Wächter der Bifröstbrücke. Dieser schimmernde Pfad verbindet die Welt der Sterblichen, Midgard, mit dem himmlischen Reich von Asgard. Heimdall hat die Aufgabe, zu Beginn der Ragnarök das Gjallarhorn zu blasen. Seine Wachsamkeit und Loyalität gegenüber den Asen sind unerschütterlich.

Bragi (Gott der Poesie und Beredsamkeit)

Bragi, die göttliche Verkörperung der Poesie, ist ein Zeugnis für die Ehrfurcht der nordischen Kultur vor dem gesprochenen Wort und den Sagen. Als Odins Sohn trägt Bragi das Vermächtnis der Redegewandtheit und der Magie der skaldischen Tradition weiter. Sein mit heiligen Runen gezeichneter Körper ist sowohl ein Zeichen seines göttlichen Erbes als auch ein Symbol für die Geschichten und Lieder, aus denen das Gewebe der nordischen Mythologie besteht.

Idun (Göttin der Jugend und der Unsterblichkeit)

Als Hüterin der verzauberten Äpfel, die den Göttern ihre Unsterblichkeit verleihen, ist Idun von zentraler Bedeutung für die anhaltende Vitalität der Asen. Ihre Geschichte wird besonders spannend, als sie von einem Riesen entführt wird, wodurch alle Götter der Gefahr des Alterns und der Sterblichkeit ausgesetzt sind, bis Idun sicher zurückgebracht wird.

Die Götter und Göttinnen der Wanen

So wie die Sterne am Nachthimmel unverwechselbar glitzern, so leuchten auch die Wanen im großen Kosmos der nordischen Mythologie. Tief verwurzelt in den Zyklen der Natur, dem Wechsel der Jahreszeiten und den Rhythmen der Erde, bilden diese Gottheiten die harmonischen Gegenstücke zu den Asen. Ihre Geschichten fesseln nicht nur durch ihre Magie und ihre Anziehungskraft, sondern unterstreichen auch die Bedeutung von Gleichgewicht, Wachstum und Pflege im großen Ganzen. Betreten Sie Vanaheim, das üppige Reich der Wanen, und machen Sie sich mit seinen verehrten Hütern vertraut.

Freyr (Gott der Fruchtbarkeit und des Friedens)

Das Flüstern des Windes, das Rascheln der Blätter und das Wiegen der goldenen Ähren – dies sind die leisen Loblieder, die die Natur auf Freyr, den Gott der Fruchtbarkeit, singt. Freyr wird weithin als die Gottheit verehrt, die über Wachstum und Überfluss wacht. Sie ist in den nordischen Erzählungen ein Sinnbild des Wohlstands. Mit einem Herz, das für das Land und seine Kreaturen schlägt, sorgt er für reiche Ernten und Frieden überall.

Freyrs Streben nach Liebe

In den Annalen der nordischen Mythologie ist Freyrs berühmteste Geschichte unbestreitbar sein Werben um die atemberaubende Jötunn Gerda. Die Geschichte beginnt mit Freyr, der auf Odins Thron Hlidskjalf sitzt, wo er einen Blick auf Gerda erhascht, die so sehr strahlt, dass selbst die Helligkeit des Himmels im Vergleich dazu verblasst. Verliebt und ruhelos wird Freyr von dem überwältigenden Wunsch verzehrt, ihr Herz zu gewinnen.

Um dies zu erreichen, schickt er seinen Diener Skirnir als Abgesandten mit großzügigen Geschenken und Versprechungen. Aber Gerda, die nicht leicht zu erobern ist, bleibt unbeeindruckt. Erst als Skirnir zu Drohungen und einem mächtigen Zauber greift, willigt sie ein, Freyr zu treffen.

Doch diese Verbindung hat ihren Preis. Um sich Skirnirs Hilfe zu sichern, trennt sich Freyr von seinem geliebten Schwert, einer Waffe, die von selbst kämpfen kann. Dieses Liebesopfer zeigt nicht nur die Tiefe seiner Zuneigung zu Gerda, sondern nimmt auch seine verletzliche Position in den verheerenden Ereignissen von Ragnarök vorweg.

In dieser Geschichte wird Freyrs Charakter anschaulich gezeichnet – ein Gott mit unermesslicher Macht, der jedoch für das tiefste der menschlichen Gefühle empfänglich ist: die *Liebe*. Die Verflechtung von Leidenschaft, Aufopferung und Schicksal macht diese Erzählung zu einer der denkwürdigsten der nordischen Überlieferung.

Freyja (Göttin der Liebe, des Krieges und der Schönheit)

Freyja ist eine faszinierende Figur voller Leidenschaft und Gegensätze. Sie verkörpert die vielen Facetten der Weiblichkeit. Wenn Sie an sie denken, stellen Sie sich sonnenbeschienene Felder, Liebende in ewiger Umarmung und die zärtliche Berührung einer Mutter vor. Doch Freyjas Anziehungskraft geht über diese Aspekte hinaus.

Sie ist die Tochter von Njörd und die Schwester von Freyr. Sie entstammt dem Göttergeschlecht der Wanen, das eng mit Fruchtbarkeit und Wohlstand verbunden ist. Aufgrund ihrer Schönheit war sie das Objekt der Begierde für viele, von Riesen bis hin zu anderen Göttern. Doch es ist ihr facettenreiches Wesen, das sie wirklich auszeichnet. Freyja ist nicht nur die Göttin der Liebe und der Schönheit, sie ist auch eine wilde Kriegerin und eine Meisterin der geheimen Künste.

Als Praktikerin der geheimnisvollen Seidr-Magie gehen Freyjas Fähigkeiten über die typische Zauberei hinaus. Seidr beinhaltet die Kommunikation mit den Geistern, die Wahrsagerei und sogar das Ändern des eigenen Schicksals – eine Macht, die so tiefgreifend ist, dass sogar Odin selbst sich Freyjas Anleitung erbat, um sie zu meistern.

Freyjas gefiederter Umhang ist ein Symbol für ihre Freiheit und Macht. Mit seiner Hilfe kann sie sich in einen Falken verwandeln und auf ihren Flügen die entlegensten Winkel der neun Reiche erreichen. Ob auf der Suche nach ihrem verlorenen Ehemann Odr oder bei der Verfolgung ihrer Ziele – Freyja bewegt sich zielstrebig und entschlossen.

Aber was sie am faszinierendsten macht, ist ihre einzigartige Rolle im Jenseits. Anders als andere Gottheiten teilt Freyja ihren Anspruch auf die gefallenen Krieger mit Odin. Während Odin dazu bestimmt ist, nach Walhalla zu gehen, werden Freyjas auserwählte Helden in ihrer Halle Sessrumnir empfangen, die sich in den himmlischen Feldern von Folkwang befindet. Dort, inmitten der sanften Wiesen, finden diese Seelen Ruhe und Trost in der Gegenwart der leuchtenden Göttin.

Njörd (Gott des Meeres und des Wohlstands)

Inmitten der Weite des nordischen Pantheons steht Njörd wie ein heller und unerschütterlicher Leuchtturm und verkörpert die Reichtümer und Geheimnisse des Meeres. Er wird vor allem als Gott der Seefahrer, der Fischerei und der Fruchtbarkeit verehrt und übt eine große Anziehungskraft auf die Küstenbewohner und auf alle aus, die von den Reichtümern des Meeres abhängig sind.

Njörd wurde in den Götterstamm der Wanen geboren, der mit Reichtum, Fruchtbarkeit und dem Zauber der Natur verbunden ist, und steht sinnbildhaft für Überfluss. Der harmonische Rhythmus der Wellen, die salzige Brise, die die Küsten streichelt, und die Schiffe, die mit Schätzen beladen in den Hafen zurückkehren — all das befindet sich unter Njörds sanfter Herrschaft.

Njörd wacht aber nicht nur über die Meere und Ozeane, sondern auch über den Handel und das Gewerbe und sorgt dafür, dass diejenigen, die ihm huldigen, Wohlstand erfahren. Händler und Kaufleute baten ihn oft um seinen Segen für erfolgreiche Reisen und reiche Geschäfte.

Doch über seine göttlichen Pflichten und Eigenschaften hinaus ist Njörds Leben auch mit Geschichten von Liebe, Aufopferung und Anpassungsfähigkeit verwoben. Die vielleicht bekannteste Geschichte ist die seiner unglücklichen Ehe mit der Bergriesin Skadi. Die beiden heirateten unter merkwürdigen Umständen: Skadi wollte sich für den Tod ihres Vaters rächen, aber ein Waffenstillstand führte dazu, dass sie einen Gott zum Mann wählte, indem sie nur auf dessen Füße schaute. Sie wählte die schönsten Füße aus, weil sie dachte, sie gehörten Baldur, und wurde stattdessen mit Njörd verheiratet.

Ihre Verbindung war jedoch von einem tiefgreifenden Unterschied in den Lebensgewohnheiten geprägt. Während Njörd die ruhigen Küsten liebte, sehnte sich Skadi nach den schneebedeckten Gipfeln ihrer bergigen Heimat. Sie versuchten, ihre Differenzen zu versöhnen, indem sie neun Nächte in Njörds Wohnsitz Noatun und drei in Skadis Palast Thrymheim verbrachten. Schließlich trieben ihre gegensätzlichen Wünsche sie auseinander und zeigten die Herausforderungen und Kompromisse auf, die Liebe und Beziehungen mit sich bringen.

Weniger bekannte Figuren unter den Wanen

In den umfangreichen nordischen Überlieferungen stehen zwar oft die Asen im Mittelpunkt, aber auch die Wanen haben einzigartige Geschichten zu erzählen. Diese Götter und Göttinnen, die in erster Linie mit Fruchtbarkeit, Wohlstand und dem Zauber der Natur in Verbindung gebracht werden, bringen Farbe und Tiefe in das komplexe Gefüge der Mythenwelt.

Nerthus (Göttin der Fruchtbarkeit und der Erde)

Die uralte und rätselhafte Nerthus ist die Göttin der Fruchtbarkeit der Erde und der Geheimnisse, die sie birgt. Es wird angenommen, dass sie eine der ältesten Gottheiten unter den Wanen ist und von den frühen germanischen Stämmen verehrt wurde. Bei Ritualen zu ihren Ehren wurde ihre Statue auf einem heiligen Wagen transportiert, der von Sklaven in einem See gereinigt wurde, die anschließend als Opfer ertränkt wurden, um die Heiligkeit von Nerthus' Mysterien zu bewahren.

Gefjon (Göttin des Pflügens und der Voraussicht)

Gefjon, ein Leuchtfeuer der Stärke und Einsicht, ist berühmt für ihre Gerissenheit. Die Legende erzählt, wie sie König Gylfi von Schweden austrickste, der ihr nur so viel Land versprach, wie sie in einer Nacht pflügen konnte. Sie aber verwandelte ihre vier Söhne in Ochsen und pflügte mit ihnen das Land, aus dem die dänische Insel Seeland wurde. Ihre Geschichte spiegelt die mächtige Verbindung der Wanen zum Boden und ihre Kunst in dessen Bestellung wider.

Kvasir (Gott der Inspiration)

Geboren aus dem Friedensvertrag zwischen den Asen und den Wanen, war Kvasir die Verkörperung von Weisheit und Wissen. Er galt als der Weiseste unter den Göttern und Menschen und reiste durch die Reiche, um seine Weisheit zu vermitteln. Doch sein Schicksal war besiegelt, als zwei Zwerge ihn erschlugen und aus seinem Blut Met brauten, der demjenigen, der ihn trank, poetische Inspiration verlieh.

KAPITEL 3

DIE WELT DER GEISTER UND WESEN

J enseits der bekannten Götter und menschlichen Figuren der nordischen Mythologie gibt es noch vielfältige einzigartige Geister und Wesen zu entdecken. Dieses Kapitel lädt Sie auf eine Reise durch diese weniger bekannten Gebiete der nordischen Welt ein und stellt Ihnen eine Reihe von Charakteren vor, von denen jeder seine eigene Geschichte und Bedeutung im übergreifenden mythologischen Erzählrahmen hat.

Haben Sie sich jemals über die kolossalen Riesen gewundert, die in den frostigen Gefilden wandelten und sowohl Feinde als auch Liebhaber der Götter waren? Oder über die rätselhaften Elfen, die Geschichten von Licht und Schatten flüsterten? Und dann sind da noch die Nornen, die Schicksalsweberinnen, die Götter und Sterbliche gleichermaßen leiten. Ganz zu schweigen von den Walküren, jenen wilden Kriegerinnen, die über das Schlachtfeld schweben und darüber entscheiden, wer überlebt und in die große Halle von Walhalla einziehen darf.

Riesen

Eingebettet in den nordischen Mythen sind die Riesen oder Jöten — Ehrfurcht gebietende Wesen, die mehr tun, als nur am Horizont aufzutauchen. Diese Wesen sind mit Eigenschaften assoziiert, die sie mit der Natur selbst verbinden. Während Sie die frostigen Landschaften von Jötunheim durchqueren, lernen Sie die besonderen körperlichen Eigenschaften und die Temperamente dieser monumentalen Wesen besser kennen.

Majestätische Formen und Farbtöne

Die Jöten werden oft als riesige Wesen dargestellt, von denen einige Berge überragen, während andere überraschenderweise nicht größer als ein durchschnittlicher Mensch sind. Aber ihre Größe ist nicht das einzige Bemerkenswerte an ihnen. Ihre physische Erscheinung wird oft durch ihre Herrschaft über die Natur beeinflusst.

Ein Berg-Jötunn könnte zum Beispiel eine Haut wie rauer Granit haben, Haare, die wie Wasserfälle fließen, und Augen, die wie Edelsteine leuchten. Ein Frostriese hätte die Farben des Winters – blasse Blautöne und Weiß, sein Atem wäre ein kalter Windhauch und seine Bewegungen würden die stille Klarheit des Schneefalls widerspiegeln. Im krassen Gegensatz dazu verkörpern Feuerriesen aus den feurigen Reichen die Wut von Vulkanen und haben feuerflüssige Haut, Augen, die wie Glut flackern, und sind umgeben von einer Aura aus rauchigem Dunst.

Das Temperament der Riesen

Obwohl ihre körperliche Präsenz unbestreitbar beeindruckend ist, sind die Jöten weit davon entfernt, bloße Bestien zu sein. Sie verfügen über ein ganzes Spektrum an Emotionen, Intellekt und Weisheit. Einige sind Dichter, Denker und sogar Kunsthandwerker, während andere Krieger mit einem Temperament sind, das so unbeständig sein kann wie eine stürmische See oder so ruhig wie ein sanfter Bach.

Ihre Persönlichkeiten sind so unterschiedlich wie die Landschaften, die sie bewohnen. Skadi, die bereits erwähnte Schneeriesin, ist stürmisch und unabhängig und verkörpert den wilden Geist der Winterberge. Thrym hingegen ist gerissen und listig und setzt eher seinen Verstand als seine bloße Kraft ein, um zu bekommen, was er will.

Eine Verkörperung der Natur

Ein hervorstechendes Merkmal der Riesen ist ihre symbiotische Beziehung zur Natur. Sie repräsentieren nicht nur die natürlichen Elemente, sondern sie sind ein Teil von ihnen. Das zeigt sich in ihrem Lebenszyklus – im Wechsel der Jahreszeiten nimmt die Kraft einiger Riesen ab, während andere an Stärke gewinnen. Der Frühling mag den Rückzug der Frostriesen bedeuten, aber er läutet auch den Aufstieg derjenigen Jöten ein, die mit Fruchtbarkeit und Wachstum verbunden sind.

Diese Verbundenheit mit der Natur beeinflusst auch die Verhaltensweisen und Entscheidungen der Riesen. Ihre Handlungen spiegeln oft die zyklischen Muster der Natur wider: *Schöpfung, Erhaltung* und *Zerstörung*. Ihre Konflikte mit den Göttern können daher als Mittel der Natur angesehen werden, einen Ausgleich zu schaffen und sicherzustellen, dass keine einzelne Kraft zu dominant wird.

Die miteinander verflochtenen Schicksale von Riesen und Göttern

Die Beziehung zwischen Riesen und Göttern ist eine der kompliziertesten und nuanciertesten. Sie nur als Gegner zu sehen, wäre so, als würde man die Weite des nördlichen Himmels durch ein kleines Fenster betrachten. Ihre harmonischen sowie stürmischen Beziehungen wurzeln in gemeinsamer Abstammung, gegenseitigem Respekt, Liebe, Neid und dem allgegenwärtigen Wechselspiel des kosmischen Gleichgewichts.

Wenn Sie die Verbindungen zwischen Riesen und Göttern verstehen, entdecken Sie das Wesen der nordischen Mythologie: ein Reich, in dem es nur selten Absolutes gibt und die Beziehungen fließend sind. Hier können Feinde zu Verbündeten werden, Liebende können gegnerischen Fraktionen angehören, und Blutlinien können auf unerwartete Weise verschmelzen oder auseinandergehen.

Allianzen, Freundschaften und familiäre Bindungen

Obwohl in vielen Geschichten die epischen Schlachten zwischen Riesen und Göttern im Mittelpunkt stehen und der Kampf zwischen der Ordnung *(die mit den Göttern verbunden ist)* und dem Chaos *(das mit den Riesen in Verbindung gebracht wird)* hervorgehoben wird, besteht die Beziehung der beiden Mächte aus weitaus mehr. Wenn man sich nur auf diese Kämpfe konzentriert, verpasst man ihre zahlreichen Interaktionen und Verbindungen.

Ägir, der uralte Riese der Meere, war beispielsweise eine verehrte Figur, die dafür bekannt war, in ihren schimmernden Unterwasserhallen üppige Feste zu veranstalten, zu denen sogar die Götter eingeladen wurden. Seine Versammlungen waren keine bloßen Partys, sondern Symbole für den tief sitzenden Respekt und die Kameradschaft zwischen bestimmten Riesen und Göttern.

Auch die Liebesgeschichte von Gerda und Freyr widersprach den konventionellen Grenzen zwischen ihren Ethnien. Gerda verzauberte Freyr mit ihrer himmlischen Schönheit und Weisheit, was zu einer Vereinigung führte, die die Harmonisierung scheinbar gegensätzlicher Kräfte symbolisierte. Ihre Liebe war nicht nur ein persönliches Band, sondern auch ein Zeugnis für die Möglichkeit der Einheit trotz der Unterschiede, die beide aufwiesen.

Ungeachtet all ihrer himmlischen Macht konnten die Götter selbst den Hauch der Jötunn-Abstammung in ihrer Ahnenreihe nicht leugnen. Odin, das Oberhaupt der Götter und eine Gestalt von immenser Weisheit und Macht, trug die Essenz der Riesen in sich. Seine Mutter, Bestla, eine verehrte Riesin, erinnerte ihn daran, dass die Götter keine rein eigenständigen Wesen waren. Sie teilten dasselbe kosmische Blut und dieselben Vorfahren. Diese Vermischung der Abstammungslinien verwischte die Grenzen zwischen offener Feindschaft und Verwandtschaft weiter.

Die gemeinsamen Geschichten von Göttern und Riesen sprechen Bände über die Komplexität von Beziehungen, die Unvermeidbarkeit von Konflikten und das Potenzial für Versöhnung und Einigung. Dies ist eine eindringliche Erinnerung daran, dass Trennungen oft oberflächlich sind und im Grunde alle Wesen durch die Fäden des Schicksals und der Abstammung miteinander verbunden sind.

Prominente Riesen

In der großen Erzählung der nordischen Mythologie sind die Jöten keine bloßen Antagonisten oder Nebenfiguren. Sie sind zentrale Akteure, die die unbändige Kraft der Natur und deren unzählige Launen repräsentieren. Ihr Auftreten und ihre Eigenschaften veranschaulichen uns, wie die nordischen Kulturen die Natur betrachteten — als unvorhersehbar, vielfältig und Ehrfurcht gebietend. Wenn Sie tiefer in ihre Geschichten eintauchen, werden Sie entdecken, dass diese Riesen mit ihren gewaltigen Gestalten und noch gewaltigeren Geschichten Sie etwas über das empfindliche Gleichgewicht der Kräfte, die Rhythmen der Natur und das komplexe Zusammenspiel von Chaos und Ordnung lehren können.

Thrym

In Thryms Namen schwingt Chaos und Tumult mit. Während viele Riesen nach Macht, Reichtum oder Dominanz strebten, wurde sein Verlangen von der komplexesten aller Emotionen angetrieben: der Liebe. Doch seine Liebe war kein einfaches oder reines Gefühl. Sie war eine turbulente Mischung aus Verliebtheit, Ehrgeiz und Verschlagenheit, die zu einer der kühnsten Verschwörungen gegen die Götter führte.

Der Kern von Thryms kühner Tat war seine glühende Sehnsucht nach Freyja, deren Anziehungskraft selbst unter den Göttern legendär war. Freyja war nicht nur ein Symbol für Liebe und Fruchtbarkeit; sie verkörperte Schönheit, Anziehungskraft und Macht, was sie zu einem passenden Objekt der Zuneigung für einen Riesen machte, der gerne Aufsehen erregte. Doch in dem weiten Kosmos der nordischen Mythologie folgen Wünsche selten einem geraden Weg.

Tatsächlich ging es Thrym bei seinem vertrackten Diebstahl Mjöllnir um mehr als nur um Macht. Es war sein verzweifelter Versuch, die Waage zu seinen Gunsten ausschlagen zu lassen und Freyjas Herz zu gewinnen. Mit List und Tücke gelang es Thrym, die Verteidigungsanlagen Asgards zu überwinden und den Hammer zu stehlen, während die Götter beschäftigt waren. Dies war kein spontaner Diebstahl, sondern erforderte eine sorgfältige Planung, ein tiefes Verständnis der Wachablösung und vielleicht etwas Hilfe von innen oder auch eine Ablenkung. Auf diese Weise beschaffte sich Thrym nicht nur eine Waffe, sondern gab eine kühne Erklärung ab, die die Machtverhältnisse zu seinen Gunsten veränderte.

Mjöllnir war keine gewöhnliche Waffe. Der Hammer verkörperte Thors Macht und war ein Symbol des Schutzes gegen die Mächte des Chaos, sowohl für die Götter als auch für die Menschen. Als Thrym dieses kosmische Artefakt in die Hände bekam, stahl er nicht nur eine Waffe, sondern kippte das Gleichgewicht der Macht. Mit Mjöllnir als Druckmittel glaubte Thrym, alle Trümpfe in der Hand zu haben. Er ahnte nicht, dass die Götter, auch wenn sie kurzzeitig überrascht waren, immer einen Schritt voraus waren. Im nächsten Kapitel werden Sie erfahren, wie sich die Götter rächten.

Skadi

Tief im frostbedeckten Herzen Jötunheims, wo der ewige Winter herrschte und die Stille nur von den heulenden Winden durchbrochen wurde, verkörperte Skadi die unbezähmbare Kraft der Natur. Sie war keine gewöhnliche Riesin; Skadis Wesen war wie die eisige Hand des Winters selbst. Aber in ihrer Geschichte steckt eine Reise von großer emotionaler Tiefe, die über ihr eisiges Äußeres hinaus Leidenschaften, Ambitionen und ein Schicksal offenbart, das mit den Göttern verwoben ist.

Skadis Wesen wurde durch mehr bestimmt als nur ihre physische Präsenz. Ihre Aura spiegelte die unnachgiebige, unerbittliche Kraft des Winters wider. Die Stille der schneebedeckten Täler, die beißende Kälte des Nordwinds und der unbezwingbare Geist des arktischen Wolfs – all diese Winterelemente spiegelten sich in Skadi wider. Die Berge selbst schienen sich in Ehrfurcht vor ihr zu verneigen und sie als eine der ihren anzuerkennen.

Die Rache einer Tochter

Aber selbst die Mächtigsten der Natur haben Schwachstellen. Der Kern von Skadis Geschichte ist ein schmerzliches Streben nach Vergeltung. Als ihr Vater Thjazi durch die Götter der Asen ein tragisches Ende fand, verwandelte sich die eisige Klarheit, für die Skadi bekannt war, in einen Sturm aus Wut und Trauer. Mit jedem Schritt in Richtung Asgard wuchs ihre Entschlossenheit, die Götter für ihre Verfehlungen büßen zu lassen.

Was als Rachefeldzug begann, nahm bald eine unerwartete Wendung. Die Götter der Asen suchten in ihrer Weisheit nicht die Konfrontation, sondern die Versöhnung. Durch Prüfungen, Herausforderungen und Verhandlungen boten sie Skadi eine Entschädigung für ihren Verlust an. Während dieser Verhandlungen entstand eine unvorhergesehene Verbindung zwischen Skadi und dem Gott Njörd, dem Herrscher der Meere. Es war eine Verbindung der Gegensätze – das kalte, strenge Reich des Winters und das fließende, sich ständig verändernde Reich der Ozeane.

Skadis Reise von den trostlosen Gipfeln Jötunheims zu den himmlischen Hallen Asgards ist ein Zeugnis für die komplizierte Dualität der Existenz. Sie war ein Wesen von ungeheurer Macht, das jedoch von sehr persönlichen Gefühlen angetrieben wurde. Ihre Geschichte unterstreicht die Idee, dass Rache, Liebe, Stärke und Verletzlichkeit nebeneinander existieren können. Skadis Geschichte ist eine eindringliche Erinnerung daran, dass unter der Oberfläche Tiefe und Komplexität schlummern können, selbst bei so mächtigen Wesen wie den Riesen der nordischen Überlieferung.

Zwerge (die Meisterhandwerker in der Tiefe)

Die Zwerge, die tief in das Erdinnere vordringen, sind nicht für ihre Statur, sondern für ihre unübertroffene Handwerkskunst bekannt. Sie sind die unbesungenen Helden hinter einigen der mächtigsten Artefakte, die von den Göttern und sogar den Riesen begehrt wurden. Im Folgenden erfahren Sie alles, was Sie über die Zwerge wissen müssen.

Ursprünge und Lebensraum

Zwerge haben eine tiefe Affinität zum Unterirdischen. Geboren inmitten steinerner Korridore und kristalliner Höhlen, verkörpern diese stämmigen Wesen den Geist der Berge. Ihre Städte, die oft vor den neugierigen Blicken anderer Völker verborgen sind, gleichen verschlungenen Labyrinthen aus Tunneln und Kammern, die die Komplexität der Herzen der Zwerge widerspiegeln.

Erscheinungsbild und Physiologie

Zwerge sind in der Regel kleiner als Menschen, oft zwischen einem und anderthalb Metern groß. Aber was ihnen an Größe fehlt, machen sie durch Masse und Muskeln wieder wett. Ihre breiten Schultern, ihre Brustkörper so weit wie Fässer und ihre muskulösen Gliedmaßen zeugen von einem Leben, das sie mit der Bearbeitung von Gestein und Metall verbringen.

Das Gesicht eines Zwerges ist oft durch einen dichten Bart gekennzeichnet, den die Zwerge mit großem Stolz tragen. In ihren Augen, die tief unter schweren Brauen liegen, funkeln die Geheimnisse der Erde, und oft spiegeln diese Augen die Farben wertvoller Edelsteine wider, die die Zwerge bei ihren Ausgrabungen finden.

Kultur und Traditionen

Das Herzstück jeder Zwergensiedlung ist die Schmiede. Sie ist nicht nur ein Ort der Arbeit, sondern auch eine Kultstätte. Hier, inmitten des Tanzes der Funken und des rhythmischen Hämmerns, schmieden die Zwerge mehr als nur Waffen und Schmuckstücke; sie schmieden Bande der Brüderlichkeit und Geschichten über ihr Erbe.

Zwerge genießen die Freude am Leben. Ob durch die tiefen, melodiösen Gesänge, die durch ihre Höhlen hallen, oder durch die üppigen Feste, die sie veranstalten — bei denen es Bier und herzhaftes Fleisch im Überfluss gibt —, sie pflegen die Kameradschaft und feiern ihre Errungenschaften.

Kunsthandwerk und Artefakte

Die Kreationen der Zwerge sind nicht einfach nur Gegenstände, sondern Wunder, die von Magie, Liebe und Geschichte durchdrungen sind. Jedes Artefakt erzählt eine Geschichte, und die Gegenstände sind oft verzaubert, was sie in allen Reichen begehrt macht. Die Zwerge sind in viele uralte Techniken eingeweiht, die über Generationen hinweg weitergegeben werden. Streng gehütete Geheimnisse ermöglichen es ihnen, Gegenstände von unvergleichlicher Schönheit und Macht herzustellen. Dieses Fachwissen ist der Grund, warum selbst die Götter von ihren himmlischen Wohnsitzen herabsteigen, um ein Stück aus den meisterhaften Händen eines

Zwerges in Auftrag zu geben. Von der tödlichen Schärfe einer Zwergenklinge bis hin zum himmlischen Glanz eines mit Edelsteinen besetzten Kelches – diese Gegenstände sind der Stoff für Legenden.

Mjöllnir

Thor, der Gott des Donners, schwang mit all seiner himmlischen Kraft Mjöllnir, einen Hammer, der nicht im Himmel, sondern in den feurigen Tiefen einer Zwergenschmiede geschmiedet wurde. Dieses Artefakt, ein Wunderwerk der Handwerkskunst und der Magie, trägt das Klirren von Hämmern auf Ambossen in sich und reflektiert die Kraft von Stürmen. Es ist so mächtig, dass es mit einem einzigen Schwung Berge zum Einsturz bringt und Widersacher ins Verderben stürzt. Dies ist ein Beweis für die unvergleichliche Kunstfertigkeit und den Einfallsreichtum seiner zwergischen Schöpfer.

Draupnir

In den stillen Hallen von Asgard trägt Odin, der Allvater, Draupnir, einen Ring aus purem Gold. Draupnir ist kein gewöhnliches Schmuckstück. Der Ring gebiert jede neunte Nacht acht neue identische Ringe in einem Spektakel aus Magie und Metallurgie. Diese kontinuierliche Vervielfältigung demonstriert unübertroffenen Reichtum und zeigt, dass die Zwerge ein tiefes Verständnis von Verzauberungen haben. Sie haben nicht einfach nur Metall geformt, sondern Magie in dieses Metall eingewoben.

Beziehungen zu anderen Lebewesen

Zwerge sind von Natur aus misstrauisch gegenüber Außenstehenden. Ihr Vertrauen ist hart erkämpft, und wer es missbraucht, kann sich eine lebenslange Feindschaft zuziehen. Diejenigen, die sich jedoch bewährt haben, finden in den Zwergen treue Verbündete, die in der Freundschaft ebenso standhaft sind wie im Kampf.

Im Laufe der Geschichte haben die Zwerge sowohl Rivalitäten als auch Partnerschaften geschmiedet. Die Elfen mit ihrer Liebe zur Natur und zur Magie liegen oft im Streit mit den pragmatischen und erdverbundenen Zwergen. Doch in Zeiten von Gefahr ist der alte Groll vergessen, und die beiden Völker sind dafür bekannt, dass sie im Kampf gegen gemeinsame Feinde den Schulterschluss vollziehen.

Elfen

Während die Zwerge das Greifbare formen, sind die Elfen Weber des Ungreifbaren. Sie überwachen das empfindliche Gleichgewicht zwischen den Reichen und sorgen für einen harmonischen Fluss der Energien. Ähnlich wie es auf der Erde Tag und Nacht gibt, wird auch die Welt der Elfen von der Dualität beherrscht. Lichtelfen verkörpern Reinheit, Wohlwollen und Schönheit. Ihr geheimnisvolles Leuchten erhellt Lichtalbenheim und sie beschützen alles, was gut und gerecht ist. Im krassen Gegensatz dazu verkörpern die Dunkelelfen, die in Schwarzalbenheim leben, die Schatten. Weder gänzlich böse noch gänzlich wohlwollend, stehen sie für das Gleichgewicht, das zur Aufrechterhaltung der kosmischen Harmonie notwendig ist.

Ursprünge und Lebensraum

Die Elfen entstammen den geheimnisvollen Gefilden von Lichtalbenheim, einem Reich, in dem die Magie durch jedes Blatt fließt und sich silberne Flüsse unter schimmernden Monden ihren Weg bahnen. Lichtalbenheim, eine Welt zwischen den Welten, bildet einen Teppich aus uralten Wäldern, schimmernden Lichtungen und hohen Türmen, und alles wird von den mystischen Energien zusammengehalten, die die Elfen so schätzen.

Erscheinungsbild und Physiologie

Hochgewachsen, geschmeidig und mit einer Anmut, die fast überirdisch erscheint, strahlen Elfen eine gleichmütige, geheimnisvolle Aura aus. Ihre Gesichtszüge sind raffiniert, mit hohen Wangenknochen und mandelförmigen Augen, in denen die Weisheit der Jahrhunderte liegt. Diese Augen, die oft einen klaren Grün-, Blau- oder Silberton annehmen, scheinen die Schleier der Welt zu durchdringen und Wahrheiten zu sehen, die anderen vielleicht entgehen.

Viele Wesen sind neidisch auf die Langlebigkeit der Elfen. Ihre Lebensspanne erstreckt sich über Jahrhunderte, manchmal sogar Jahrtausende, was ihnen eine weite und tiefe Perspektive ermöglicht.

Kultur und Traditionen

Magie ist für Elfen wie für Menschen die Luft zum Atmen. Schon im zarten Alter werden sie in die Geheimnisse des Arkanen eingeweiht. Ihre Zaubersprüche, die oft mit melodiösen Stimmen gesungen werden, haben die Macht, zu heilen, zu schützen und manchmal auch zu schaden.

Elfen sind mehr als nur Magieanwender, sie sehen sich als Hüter des Gleichgewichts. Sie sorgen dafür, dass die Energien zwischen den Reichen in Harmonie bleiben, verhindern katastrophale Risse zwischen den letzteren und halten die Ordnung der Existenz aufrecht.

Kunst und Kreationen

Sie schmieden zwar keine Waffen und Rüstungen wie die Zwerge, aber Elfen sind auf ihre Art Kunsthandwerker. Ihre Musik kann aufgewühlten Herzen Trost spenden oder längst vergessene Erinnerungen wachrufen. Ihre Gemälde fangen sowohl Anblicke als auch Emotionen ein, und in ihre Geschichten sind Fäden aus Träumen und Realität gewoben.

Elfen stellen zwar weniger Artefakte her, aber dafür sind diese umso mehr von Verzauberungen durchdrungen. Ein einziger elfischer Anhänger kann seinen Träger durch die Dunkelheit führen und ein von Elfenhand gewebter Umhang kann seinen Träger nahezu unsichtbar machen.

Beziehungen zu anderen Lebewesen

Mit ihrem tiefen Verständnis für die Zusammenhänge aller Dinge werden Elfen oft als Diplomaten und Friedenswächter gesehen. Sie bilden Allianzen, die auf gegenseitigem Respekt und Verständnis basieren, und suchen stets den Weg der Harmonie.

Obwohl ihre Beziehungen zu einigen Völkern, wie zum Beispiel zu den Zwergen, aufgrund unterschiedlicher Weltanschauungen komplex sein können, gehen Elfen immer mit dem Wunsch auf andere zu, zu lernen und zu lehren, da sie wissen, dass jede Interaktion ein Schritt im ewigen Tanz der Existenz ist.

Nornen

Die Nornen gehören zu den rätselhaftesten und einflussreichsten Wesen der nordischen Kosmologie. Als Hauptlenkerinnen des Schicksals, sterblich und göttlich, weben sie die Muster des Lebens und sorgen dafür, dass der Fluss der Zeit und der Ereignisse ununterbrochen und ausgeglichen bleibt. Die Nornen residieren am Fuße von Yggdrasil, dem Weltenbaum, und kümmern sich um seine drei Hauptwurzeln, indem sie Wasser aus dem Brunnen von Urd schöpfen, um ihn zu nähren.

Die wichtigsten Nornen

Nur wenige Figuren stehen so im Mittelpunkt und sind so rätselhaft wie die Nornen. Diese geheimnisvollen Weberinnen, Hüterinnen von Vergangenheit, Gegenwart und Zukunft, halten die Fäden des Schicksals eines jeden Wesens in der Hand, vom mächtigsten Gott bis zum bescheidensten Sterblichen. Wenn Sie tiefer in ihr Reich eindringen, stechen drei Namen hervor, die das Wesen der Nornen und ihren unaufhaltsamen Einfluss auf die Zeit repräsentieren.

Urd

Als Repräsentantin dessen, was einst war, bewahrt Urd die Erinnerungen des Kosmos. Sie versteht die Feinheiten vergangener Ereignisse und sorgt dafür, dass die Geschichte, sowohl in ihrem Ruhm als auch in ihrer Tragik, eine Rolle bei der Gestaltung der Zukunft spielt.

Werdandi

Werdandi agiert im flüchtigen Moment des Jetzt. Sie verkörpert den Strom, die Echtzeit-Entfaltung von Ereignissen und fängt das Wesen der Existenz in ihrer unmittelbaren Form ein.

Skuld

Die geheimnisvolle und oft schwer fassbare Skuld birgt das Versprechen und die Ungewissheit dessen, was kommen wird. Als Hüterin der Zukunft spinnt sie Möglichkeiten und Potenziale und wartet auf den Anbruch eines jeden neuen Tages.

Ihr Einfluss auf sterbliche und göttliche Schicksale

Es wird oft gesagt, dass Götter oder Riesen die von den Nornen gewebten Fäden nicht verändern können. Selbst der mächtige Odin, der Allvater, sucht ihren Rat, weil er weiß, dass sie einen unvergleichlichen Einblick in das Schicksal aller Wesen haben.

Obwohl sie das Schicksal weben, gebieten die Nornen nicht über jedes Detail. Zwischen Schicksal und freiem Willen besteht ein Tanz, bei dem Sterbliche und Götter ihre Rolle spielen, auch wenn der Rahmen in der Hand der Nornen bleibt.

Beziehungen zu anderen Lebewesen

Die Götter, verkörpert durch Odin, suchen die Weisheit der Nornen und erkennen ihre entscheidende Rolle bei der Gestaltung des Schicksals an. Die Zwerge, die Meister des unterirdischen Handwerks, richten ihre Schöpfungen an den Visionen der Nornen aus und verdienen sich so deren Respekt. Elfen arbeiten durch ihre mystische Verbindung mit der Natur und der Magie mit den Nornen zusammen, um das kosmische Gleichgewicht zu erhalten. Die Jöten oder Riesen sind trotz ihrer Konflikte mit den Göttern durch Prophezeiungen gebunden, die von diesen Schicksalsweberinnen gemacht wurden. Die Sterblichen, die sich auf dem schmalen Grat zwischen freier Entscheidung und vorherbestimmtem Schicksal bewegen, sehen die Nornen als Wegweiser und Symbole für den unausweichlichen Lauf des Lebens.

Walküren

Die Walküren, die oft in glänzender Rüstung und mit weit ausgebreiteten Flügeln vor einem vom Krieg zerrissenen Himmel dargestellt werden, gehören zu den ikonischsten Figuren der nordischen Mythologie. Diese übernatürlichen Jungfrauen, deren Name *„die Auswählenden der Gefallenen"* bedeutet, dienen als Brücke zwischen Sterblichkeit und Göttlichkeit, zwischen dem Chaos der Schlacht und dem Frieden von Walhalla.

Ihre Rolle auf dem Schlachtfeld

Inmitten der Kakofonie klirrender Schwerter und der verzweifelten Schreie von Kriegern steigen die Walküren herab und wählen die Tapfersten der Gefallenen aus. Sie wählen nicht einfach wahllos aus, sondern suchen sich diejenigen, deren Tapferkeit, Geschick und Ehre selbst in der Umarmung des Todes am hellsten leuchten.

Neben ihrer Rolle als Auswählende spielen Walküren auch eine aktive Rolle bei der Entscheidung über den Ausgang von Schlachten. Manchmal beschützen sie bevorzugte Krieger und entziehen sie dem Griff des Todes. Doch in anderen Momenten führen sie selbst den Untergang herbei, vor dem sie später die Seelen retten.

Ihre Beziehung zu Odin

Die Walküren, die direkt unter Odin, dem Allvater, dienen, werden oft als seine halb göttlichen Töchter angesehen. Ihre Treue zu ihm ist unerschütterlich, und sie spielen eine entscheidende Rolle bei der Verwirklichung seiner Vision von den großen Schlachten und den Kriegern, die ihm nach Walhalla folgen werden.

In seiner unendlichen Weisheit verlässt sich Odin oft auf die Walküren als Sammlerinnen von Seelen und als seine Späherinnen und Botinnen. Sie durchqueren die Reiche und überbringen Nachrichten über bevorstehende Kriege, Machtverschiebungen und Prophezeiungen, über die gemunkelt wird.

Die Verbindung zu den Gefallenen

Die Begegnung mit einer Walküre war ein Segen und ein Versprechen für einen gefallenen Krieger. Diejenigen, die von diesen göttlichen Jungfrauen auserwählt wurden, wurden nach Walhalla, Odins großer Halle, entführt. Hier feierten sie ein Festmahl, erzählten sich Geschichten über ihre Tapferkeit und bereiteten sich auf die letzte Schlacht während Ragnarök vor.

Obwohl Walhalla ein ehrbarer Ort war, konnte der Übergang zur Sterblichkeit erschütternd wirken. In ihrer zärtlichen Anmut trösteten die Walküren diese Seelen oft und sorgten dafür, dass ihr Übergang friedvoll und würdevoll verlief. Sie wurden zu Schwestern und Führerinnen der Gefallenen und erinnerten sie an ihren Ruhm und die Ehre, die sie erwartete.

KAPITEL 4

MYTHEN ÜBER MACHT UND TRIUMPH

Stellen Sie sich eine Welt vor, in der selbst Götter auf die Probe gestellt werden, in der Machtkämpfe zu monumentalen Kriegen führen und in der List, Mut und Komik oft miteinander verwoben sind. Von einem himmlischen Krieg, der die Landschaft der Götterwelt umgestaltete, bis hin zu den kuriosen Ereignissen, die zum Erbau der göttlichen Festung Asgard führten. *Und wer könnte die waghalsigen Eskapaden von Thor vergessen? Haben Sie sich den mächtigen Donnergott jemals in einem Kleid vorgestellt?* Nun, die nordischen Völker taten es! Wenn Sie dachten, die Begegnung mit den Göttern sei aufregend, dann warten Sie, bis Sie sie in diesen berühmten und unterhaltsamen Mythen erleben.

In diesem Kapitel geht es um einige der fesselndsten Mythen, wie den Krieg zwischen Asen und Wanen, den Mythos von Asgards Mauern, den ewigen Kampf mit Jörmungandr und die Verzauberung von Utgard-Loki. Bereiten Sie sich darauf vor, in ein Reich einzutauchen, in dem jede Geschichte ein Zeugnis für den Mut, den Witz und den gelegentlichen Unfug der Götter ist.

Der Krieg zwischen Asen und Wanen

Die Asen waren hoch aufragende himmlische Wesen, die vom majestätischen Reich Asgard aus herrschten. Für viele waren sie so etwas wie die „Könige" des göttlichen Kosmos – beeindruckend, würdevoll und mit herausragenden Persönlichkeiten wie Odin und Thor an ihrer Spitze. Sie verkörperten Tapferkeit, Führungsqualitäten und Weisheit

— Eigenschaften, die sich oft in ihren großartigen Geschichten über Kampf und Strategie finden lassen.

Auf der anderen Seite dieses göttlichen Spektrums standen die Wanen. Diese Götter nannten Vanaheim ihre Heimat, ein Reich, das auf tiefgreifende Weise mit den Rhythmen der Natur in Einklang stand. Ihre Essenz war das sanfte Streicheln einer Sommerbrise, der harmonische Tanz der Wellen des Ozeans und das Aufblühen des Lebens, das jeden Frühling die Wiesen in unterschiedlichen Farben erstrahlen ließ. Da die Wanen eine enge Verbindung zur Magie haben, wurden sie besonders für ihre Gaben in Bezug auf Fruchtbarkeit und die Sicherstellung reicher Erträge verehrt.

Angesichts der großen Unterschiede in ihrer Natur und ihrem Herrschaftsbereich war es unvermeidlich, dass es zwischen diesen beiden göttlichen Clans zu Spannungen und Missverständnissen kommen würde.

Gründe für das Streben nach Frieden

Unterschiedliche Ideologien, gegensätzliche Zuständigkeitsbereiche und innere Bedürfnisse führen oft zu Konfrontationen zwischen Göttern und ihren Anhängern. Doch inmitten dieses turbulenten Geschehens zeichnet sich eine leise Ahnung von Verständigung ab. Das Streben nach Frieden ist nicht nur eine Notwendigkeit, sondern ein Beweis für das weit entwickelte Bewusstsein dieser Gottheiten. Im Folgenden sind die Gründe aufgeführt, warum sie Frieden schaffen wollen:

- **Gleichgewicht der Kräfte:** Obwohl die Asen und Wanen unterschiedlich waren und jeweils ihre eigenen Stärken hatten, erkannten sie die Macht beider Gruppen an. Die Asen hatten vielleicht die Oberhand in der Kriegskunst und in der Führung, aber die Wanen waren Meister der Naturmagie und verfügten über einzigartige Möglichkeiten, Einfluss auszuüben. Keine der beiden Seiten konnte die totale Vorherrschaft beanspruchen, was einen ewigen Krieg erschöpfend und aussichtslos machte.
- **Erhalt des Kosmos:** Diese Götter waren Herrscher und Beschützer ihrer Reiche. Ein lang anhaltender Konflikt hätte nicht nur Chaos unter den Göttern angerichtet, sondern auch die Struktur

des Universums selbst gefährdet. Midgard *(die Erde)* hätte unter den Fehden der Götter gelitten, da die Nachbeben ihrer Kämpfe das Potenzial hatten, die natürliche Ordnung zu stören.

- **Anerkennung der gegenseitigen Vorteile:** Wie in unserer Welt waren unter den Göttern Handel und Wissensaustausch notwendig. Die Asen sahen einen Wert in den Fähigkeiten der Wanen in Bezug auf Fruchtbarkeit und Wohlstand, die ihrem Reich zugutekommen konnten. Umgekehrt bewunderten die Wanen die Fähigkeiten der Asen in der Führung und Kriegskunst. Frieden bedeutete, dass beide Seiten ihre Ressourcen und ihre Weisheit miteinander teilen konnten, was zu gegenseitigem Wachstum führte.

Wie es zum Krieg kam

Wie konnte es angesichts solch zwingender Gründe für den Frieden zu einer *Katastrophe* kommen?

Der Funke, der den Krieg zwischen diesen beiden göttlichen Gruppen entfachte, war ein Zwischenfall mit einer Göttin der Wanen namens Gullveig. Gullveig, die für Gold und Reichtum stand, wagte sich in das Reich der Asen. Anstatt jedoch willkommen geheißen zu werden, wurde sie extremer Feindseligkeit ausgesetzt. Die Asen, die sich möglicherweise durch Gullveigs Kräfte bedroht fühlten oder sich über sie ärgerten, versuchten, sie zu töten, indem sie sie in Brand steckten. Doch Gullveig erwies sich als kein gewöhnliches Wesen. Nach jedem Versuch stand sie wieder auf und trotzte dem Tod insgesamt dreimal. Diese Tat war eine Beleidigung für Gullveig und den gesamten Stamm der Wanen.

Als die Wanen von den Taten der Asen erfuhren, waren sie wütend. Was als singulärer Akt der Aggression gegen eine Göttin begann, entwickelte sich bald zu einem ausgewachsenen Krieg zwischen den beiden einflussreichsten Göttergruppen der nordischen Kosmologie. Es kam zu Schlachten, in denen beide Seiten immense Macht und Magie einsetzten, aber keine konnte die Oberhand gewinnen. Die Asen mit ihrer kriegerischen Natur und ihren himmlischen Kräften trafen auf die irdische und lebensspendende Magie der Wanen. Es war ein himmlischer Konflikt, der die neun Welten des nordischen Universums erschütterte.

Der Tribut des Krieges

Die Schlachten waren erbittert und verheerend. Von den Mauern Asgards bis zu den fruchtbaren Feldern Vanaheims hallten die Reiche vom Klang der aufeinanderprallenden Waffen und göttlichen Zaubersprüche wider. Da keine der beiden Seiten bereit war, auch nur einen Zentimeter nachzugeben, tobte der Krieg und die Siege wechselten auf unvorhersehbare Weise.

In diesen Schlachten stellten die Götter ihre einzigartigen Fähigkeiten unter Beweis. Während die Asen rohe Gewalt und Kampfstrategien an den Tag legten, konterten die Wanen mit elementarer Magie und riefen die Kräfte der Natur zu Hilfe. Die Geschichten erzählen von Meeren, die auf Njörds Befehl hin stürmisch wurden, und von Feldern, auf denen Dornen wuchsen, um die Asen-Krieger zu behindern, während der Himmel von Thors Donner und Blitzen erfüllt war.

Doch mit der Zeit wurde der Tribut, den dieser göttliche Konflikt forderte, immer deutlicher. Das Land, das von den sich bekriegenden Göttern heimgesucht wurde, zeigte Spuren der Erschöpfung. Die Ernten fielen aus, die Meere tobten und die Reiche der Sterblichen litten. Den Göttern dämmerte allmählich die Erkenntnis, dass ihr Konflikt irreversiblen Schaden anrichtete, nicht nur aneinander, sondern auch an der Struktur des Kosmos.

Jeder neue Tag des Krieges brachte herzzerreißende Szenen mit sich. Mächtige Götter, die in den Erzählungen der Sterblichen einst unbesiegbar waren, trugen nun Narben, körperliche und seelische. Auch die Länder, über die sie herrschten, litten. Die einst ruhigen und fischreichen Flüsse wurden aufgewühlt, und die Wälder, die einst vom Gesang des Lebens widerhallten, trauerten nun in Stille.

In diesem Chaos dämmerte sowohl den Asen als auch den Wanen eine düstere Erkenntnis. Der Krieg mit all seiner Macht und seinem Ruhm war ein alles verzehrendes Feuer, und bald würden sie nichts mehr haben, das sie verbrennen konnten. Mit jeder gefallenen Gottheit und jedem vernarbten Stück Land wurde die Botschaft klarer: Wenn sie so weitermachten, würde nichts als die Erinnerung an eine einst glorreiche Welt übrig bleiben.

So wurde im Herzen der Verwüstung die Saat der Selbstreflexion gesät. Die Idee einer endlosen Schlacht, die einst von der Vorstellung von Ehre und Ruhm erfüllt war, war nun eine düstere und bedeutungslose Unternehmung. Beide Clans sehnten sich nach der Wiederherstellung ihrer Welt, und diese gemeinsame Sehnsucht ebnete den Weg für Friedensgespräche. Der Weg, der vor ihnen lag, war ungewiss, aber eines war klar: Die Welt konnte einen weiteren göttlichen Kampf nicht verkraften.

Die Wiedergutmachung

Nach dem turbulenten Krieg zwischen den Asen und den Wanen kam es zu einer bemerkenswerten Reihe von Ereignissen, die die nordischen Ideale von Versöhnung, Integration und der Kraft der Einigkeit demonstrieren.

Geiseltausch und die Weisheit Mimirs

Um ihre neu gefundene Allianz zu festigen, tauschten die Asen und Wanen zum Zeichen des Vertrauens wichtige Persönlichkeiten aus. Die Wanen schickten Njörd und seine geschätzten Kinder Freyr und Freyja, die in Asgard leben sollten. Vor allem Freyjas Anwesenheit bereicherte das Asen-Pantheon, denn sie wurde zu einer führenden Göttin, die mit Liebe, Fruchtbarkeit und Verlockung assoziiert war. Umgekehrt übergaben die Asen Hönir und den weisen Mimir an die Wanen. Die Wanen waren jedoch über diesen Tausch erzürnt, da sie Hönirs Entscheidungsfindung ohne Mimirs Rat für unzureichend hielten. Daraufhin enthaupteten sie Mimir und schickten seinen Kopf zurück zu den Asen. Die Asen, die Mimirs Einsichten zu schätzen wussten, konservierten seinen Kopf und sorgten dafür, dass seine Weisheit zugänglich blieb.

Die Geburt von Kvasir

Beide Fraktionen nahmen an einem einzigartigen Ritual teil, das ihre Verpflichtung zu Frieden und gegenseitigem Respekt symbolisierte. Sie spuckten in einen Bottich, und aus dieser Mischung göttlicher Essenzen entstand Kvasir. Kvasir verfügte über einzigartige Weisheit und war ein Symbol für die gemeinsame Stärke und Harmonie der nun vereinten Götter.

Integration und Eintracht

Der Waffenstillstand bedeutete ein Ende der Feindseligkeiten und läutete eine Ära der Integration ein. Die Grenzen zwischen den Asen und den Wanen begannen zu verschwinden, und viele Wanen-Gottheiten wurden im Laufe der Zeit auf Augenhöhe mit den Asen verehrt. Diese Veränderung zeigte die echte Integration der beiden göttlichen Gruppen und unterstrich die tief verwurzelte Eintracht, die aus ihrem früheren Zwiespalt hervorgegangen war.

Der Mythos von Asgards Mauern

Asgard verwandelte sich, als sich der Staub legte und nach dem Krieg zwischen Asen und Wanen ein unerwarteter Waffenstillstand erreicht wurde. Es strahlte göttliche Energie aus und spiegelte die Erzählungen der Götter der Asen wider, ihre himmlische Herrschaft und ihr mächtiges Erbe. Seine Türme erstrahlten im Glanz und in seinen Hallen hallten das Lachen, die Diskussionen und die Musik der göttlichen Wesen wider. Es war nicht nur ein Haus, Asgard war eine Demonstration der Größe und Hoheitsgewalt der Götter im weiten Kosmos.

Die Notwendigkeit einer Befestigungsanlage

Doch trotz all seiner Majestät war selbst Asgard nicht frei von Gefahren. Die Riesen aus dem frostigen Reich Jötunheim waren traditionelle Gegner der Götter der Asen. Ihre immense Stärke und ihr gelegentlicher Neid auf die Herrschaft der Götter machten sie zu einer ständigen Bedrohung. Gerüchte über Verschwörungen, mögliche Invasionen und potenzielle Belagerungen verbreiteten sich in den neun Reichen. Andere bösartige Wesen, Kreaturen des Chaos und der Zerstörung, warfen ebenfalls begehrliche Blicke auf Asgard.

Die Götter in ihrer Weisheit erkannten dies. Sie wussten, dass ihre Konflikte, Intrigen und Kämpfe mit diesen furchterregenden Wesenheiten nie aufhören würden. Sich bei Überraschungsangriffen oder Belagerungen allein auf ihre göttliche Macht zu verlassen, war ein Wagnis, das sie nicht eingehen wollten. Es war klar, dass Asgard trotz seiner göttlichen Aura auch einen greifbaren Schild brauchte. Eine Verteidigungsmaßnahme, die jedem Angriff standhalten und das Reich und seine Bewohner vor einer möglichen Katastrophe bewahren würde. Und so ertönte der Ruf nach einer Befestigungsanlage und bereitete die Bühne für Ereignisse, in denen sich Macht, Täuschung und ein unnachgiebiges Streben nach Triumph vermischen würden.

Der kühne Vorschlag des Baumeisters

Während die Götter der Asen darüber debattierten, wie sie ihren himmlischen Wohnsitz am besten befestigen könnten, schien sich die Antwort aus den Nebeln des Unbekannten herauszukristallisieren. Aus unbekannten Gefilden tauchte ein hochgewachsener Mann mit einer unbestreitbaren Präsenz vor den Asen auf. Dies war kein gewöhnlicher Handwerker. Seine Aura zeugte von Fähigkeiten, die über Zeitalter und Reiche hinweg perfektioniert worden waren, und seine Hände trugen die Spuren zahlloser vollbrachter Wunder.

Seine Stimme, tief wie ein Abgrund und klangvoll wie uralte Trommeln, zerschnitt die Luft: *„Ich habe Zitadellen gebaut, die der Zeit trotzen, Mauern, die im Angesicht von Stürmen lachen, und Türme, die die Sterne berühren. Schenkt mir euer Vertrauen, und Asgard wird sich niemals einem Feind beugen."* Das Versprechen war verlockend – eine unbezwingbare Festung, die ihr ohnehin schon prächtiges Reich umgeben würde. Die Götter waren fasziniert, doch sie warteten auf den Preis für ein solches Wunder.

Als der Baumeister seinen Preis offenbarte, war es, als fegte ein kalter Wind durch den Saal. Er verlangte nicht das Gold der Zwerge oder die Melodien der Elfenlieder, sondern er wollte die strahlende Freyja, die Göttin der Liebe und der Schönheit, als seine Braut. Und als wäre das nicht schon kühn genug, verlangte er auch noch nach der Sonne und dem Mond – den Himmelskörpern, die den Lebensrhythmus in den neun Reichen bestimmen.

Die Halle brach in Gemurmel aus. Freyjas Augen blitzten trotzig und zornig auf. Sonne und Mond waren nicht einfach nur Juwelen, die man aushändigen konnte, und die Folgen ihres Verlustes waren unvorstellbar. Die Dreistigkeit des Vorschlags war klar: Der Baumeister feilschte nicht nur um Schätze, er forderte die Herrschaft der Götter selbst heraus. Seine Forderungen waren tiefgründig und hinterfragten das Ausmaß der Verzweiflung der Götter sowie die Grenzen, die sie zu überschreiten bereit waren, um ihre Sicherheit zu gewährleisten.

Lokis gerissene Herausforderung

In dem Strudel von Debatten und Ungewissheit, der die Halle von Asgard erfasste, witterte Loki, der Stratege, eine Gelegenheit. Sein Ruf für Unheil und Unberechenbarkeit war wohlverdient, aber hinter all dem steckte ein scharfer Verstand, der stets analysierte und plante. Lokis Plan begann, sich zu entfalten, als die Götter sich mit den kühnen Forderungen des Erbauers auseinandersetzten.

Anstatt den Baumeister ohne Umschweife zu entlassen oder sich auf seinen hohen Preis einzulassen, schlug Loki vor, das Vertrauen des Baumeisters in sein Können zu testen. Der Kern seines Vorschlags war einfach und doch genial: Der Baumeister konnte sich die gewünschte Belohnung verdienen, aber nur, wenn es ihm gelang, die Mauern um Asgard im Winter zu errichten. Und nicht nur das. Er würde dabei nur die Kraft und die Hilfe seines berühmten Hengstes Svadilfari in Anspruch nehmen können. Keine andere Hilfe, weder von den Kreaturen noch von den Wesen irgendeines Reiches, wäre zulässig.

Für diejenigen, die Zeuge dieser Herausforderung waren, war es ein brillantes Spiel. Einerseits schien es dem Bauherrn eine faire Chance zu geben, sich seine kühnen Forderungen zu verdienen. Andererseits stellte es angesichts des enormen Umfangs der Arbeiten und des engen Zeitrahmens eine fast unmögliche Aufgabe dar.

Der Erbauer, vielleicht getrieben von Stolz oder den Legenden über die unvergleichliche Stärke von Svadilfari, sah dies nicht als Falle, sondern als Chance. Die Zuversicht, die er darin zeigte, dass er Lokis Bedingungen akzeptierte, deutet auf sein immenses Vertrauen in die Macht seines Hengstes und seine Fähigkeiten hin. Doch bei dieser ausgeklügelten Strategie und dem hohen Einsatz wussten die Götter, dass Loki ein Ass im Ärmel hatte. Die Herausforderung stand fest und mit ihr wurde der Verlauf der Ereignisse unwiderruflich verändert.

Eine unerwartete Wendung der Ereignisse

Mit jedem Tag, der verging, wurde das schiere Ausmaß der Fähigkeiten des Baumeisters deutlicher. Unter den wachsamen Augen der Asen erhoben sich die Mauern wie von Zauberhand aus dem Boden, ihre Architektur war unvergleichlich und ihr Fundament felsenfest. Es schien, als würde Asgard die großartigste aller Verteidigungsanlagen erhalten. Doch dieser schnelle Fortschritt war ein zweischneidiges Schwert. Die Vorstellung, dass der Erbauer mit Svadilfari an seiner Seite seinen Teil der Abmachung erfüllen könnte, jagte den Göttern Schauer über den Rücken. Was anfangs als unmögliche Aufgabe erschien, schien nun Realität zu werden.

Doch in den Schatten lauerte Loki, dessen schlauer Verstand immer am Werk war. Als er den Ernst der Lage erkannte, ersann er einen kühnen und riskanten Plan. Loki nahm die Gestalt einer prächtigen Stute an und stolzierte auf die Baustelle. Svadilfari, der von der Anziehungskraft dieser Stute fasziniert war, ließ den Bauherrn im Stich und folgte der bezaubernden Kreatur in den Wald. Dieses Manöver war keine bloße Ablenkung. Aus dieser unvorhergesehenen Verbindung sollte der Kosmos später Sleipnir hervorbringen, ein majestätisches Pferd mit acht Beinen, das als das legendäre Ross von Odin zu einer der am meisten verehrten Figuren der nordischen Überlieferung werden sollte.

Die Konfrontation

Ohne sein wertvollstes Gut kam der Baumeister schmerzhaft ins Stocken. Die kolossalen Mauern, die einst mit wundersamer Geschwindigkeit in die Höhe schossen, schienen nun zum Stillstand zu kommen. Mit der Zeit wurde klar, dass der einst so zuversichtliche Baumeister in Schwierigkeiten geraten war. Am Ende des Winters konnte er seine wahre Identität nicht mehr leugnen: Er war nicht nur ein gewöhnlicher Mann, sondern ein Riese, ein langjähriger Feind der Asen.

Nach dieser Enthüllung kam es zu Spannungen. Die Götter fühlten sich zutiefst betrogen. Donner grollte und signalisierte die bevorstehende Konfrontation. Als die Situation eskalierte, führte Thor, der Schutzgott, die Götter in ihrem Zorn an. Mit Mjöllnir, seinem mächtigen Hammer, stellte sich Thor dem betrügerischen Riesen entgegen. Zur Verteidigung Asgards und zur Wahrung der Ehre der Asen schlug Thor den Riesen mit seinem mächtigen Hammer nieder und sorgte dafür, dass kein noch so mächtiges Wesen je wieder das heilige Reich der Asen täuschen und bedrohen würde.

Obwohl die Mauern Asgards unvollendet blieben, zeugten sie von den unzähligen Geschichten über Ehrgeiz, Täuschung, Macht und Widerstand. Sie waren nicht nur Barrieren, sondern auch Geschichtenerzähler, die die Legenden darüber verbreiteten, wie die Götter Asgards in ihrer Weisheit und Macht ihr Reich gegen sichtbare und unsichtbare Bedrohungen verteidigten. Jede Spalte, jeder Stein spiegelte Geschichten von Tapferkeit wider und machte die Mauern Asgards zu einem lebendigen Zeugnis des unsterblichen Geistes der Asen.

Der ewige Kampf mit Jörmungandr

In den bodenlosen Tiefen der weiten Ozeane Midgards lebten nicht nur Meeresbewohner, sondern auch eine Kreatur der Legende und des Schreckens: Jörmungandr, die Midgardschlange. Ihre gigantische Gestalt war so gewaltig, dass sie sich mühelos um die Welt schlängelte, wobei ihr Schwanz in einem ewigen Kreislauf auf ihr Maul traf. Der bloße Anblick dieses Leviathans flößte den Sterblichen und Unsterblichen gleichermaßen Angst ein. Doch mehr noch als seine Größe bewirkte die Prophezeiung, die mit ihm verbunden war, die Wachsamkeit der Götter Asgards. Diese uralte Prophezeiung sprach von einer katastrophalen Schlacht zwischen Thor, dem Donnergott, und Jörmungandr – einem Kampf, der die Grundfesten der neun Welten erschüttern sollte.

Während ihre schicksalhafte Konfrontation anlässlich Ragnarök, dem Ende der Zeiten, in Stein gemeißelt war, kam es bereits vor dem Showdown zu mehreren Zusammenstößen zwischen den beiden. Jede Begegnung zeigte die reine Kraft, die Widerstandsfähigkeit und den unerschütterlichen Geist eines Gottes und einer Bestie.

Eine dieser Begegnungen sticht hervor und gewährt Einblick in die Beschaffenheit ihrer ewigen Fehde. In dem Bestreben, sein Schicksal herauszufordern und zu ändern, begab sich Thor auf eine Fischfangexpedition, wie es sie noch nie gegeben hatte. Als einfacher Fischer verkleidet und mit dem Riesen Hymir als widerwilligem Partner, wagte sich Thor in das Herz des Ozeans. Sein Köder war nicht der übliche Wurm oder Fisch, sondern der Kopf eines Ochsen – ein Köder, der für ein ganz und gar nicht gewöhnliches Geschöpf bestimmt war.

Wie erwartet, konnte Jörmungandr dem Angebot nicht widerstehen und schlug zu. Und so begann ein epischer Kampf zwischen dem Beschützer Asgards und der Verkörperung des Chaos. Die sonst so ruhige See wurde stürmisch, die Wellen schlugen hoch und der Himmel war erfüllt von Donnerschlägen und Blitzen, die Thors Entschlossenheit widerspiegelten. Mit Durchhaltevermögen und Hartnäckigkeit nahm er all seine göttliche Macht zusammen, um die kolossale Schlange zu fangen.

Doch wie das Schicksal es wollte, wurde ihm der Höhepunkt dieses Duells verwehrt. Hymir, überwältigt von Angst und vielleicht der in Erfüllung gehenden Prophezeiungen, durchtrennte die Angelschnur. Die monströse Jörmungandr war zwar erschüttert, schlitterte aber zurück in den Abgrund von Midgards Ozeanen, was damit nicht das Ende, sondern lediglich eine Pause in diesem ewigen Konflikt markierte.

Als sich die Geschichten über dieses monumentale Zusammentreffen verbreiteten, diente es als ergreifende Erinnerung an den unerbittlichen Geist der Götter und ihrer ewigen Widersacher, die für immer durch das Schicksal aneinandergebunden sind und auf ihren ultimativen Kampf während der Götterdämmerung warten.

Die Zauber von Utgard-Loki

Jenseits der Mauern Asgards und in den weiten Landschaften Midgards machten Geschichten über Thors Heldentaten die Runde, von bescheidenen Herdstellen bis in große Met-Hallen. Eine dieser Geschichten führt uns in das geheimnisvolle Land der Riesen, Jötunheim, und in die große Halle des rätselhaften Utgard-Loki.

Thor, der seine Macht unter Beweis stellen wollte und immer auf der Suche nach Abenteuern war, begab sich in Begleitung seines treuen Freundes Loki und zweier sterblicher Gefährten, Thialfi und Röskva, auf eine Reise in das Land der Riesen. Ihr Ziel war es, die Macht Asgards zu demonstrieren und den verwegenen Riesen vielleicht die eine oder andere Lektion zu erteilen.

Als sie in der Burg von Utgard-Loki ankamen, bestaunten sie die Weite der Architektur, die von der Größe der Riesen zeugte. Jede Säule glich einem gewaltigen Berg und die Decken glichen wolkenverhangenen Himmeln. Doch die von Utgard-Loki dargelegte Herausforderung würde den Mut der Besucher aus Asgard auf eine harte Probe stellen.

In einer Halle voller Riesen begannen die Wettkämpfe. Loki, der für seinen Appetit berühmt ist, wurde gegen einen Riesen namens Logi auf die Probe gestellt. Wenngleich Loki das Essen auf beeindruckende Weise verschlang, verzehrte Logi zum Erstaunen aller nicht nur das gesamte Fleisch, sondern sogar die Knochen und den Trog, in dem es gelegen hatte, dazu! Was die Zuschauer nicht wussten: Logi war kein gewöhnlicher Riese, sondern die Personifizierung des Wildfeuers.

Als Nächstes trat Thialfi, der für seine flinken Füße bekannt war, gegen einen Jungen namens Hugi an. Doch trotz seiner Schnelligkeit wurde Thialfi nicht nur einmal, sondern dreimal besiegt! Später stellte sich heraus, dass Hugi die Personifizierung der Gedanken war und sich mit einer Geschwindigkeit bewegte, die niemand übertreffen konnte.

Und dann kamen Thors Herausforderungen. Zuerst musste er ein Trinkhorn leeren. Trotz dreier kräftiger Schlucke wurde der Trank darin nicht weniger. Später versuchte er, eine graue Katze vom Boden zu heben. Nach großer Anstrengung gelang es ihm lediglich, eine ihrer Pfoten anzuheben. Schließlich wurde Thor gebeten, mit einer älteren Frau namens Elli zu ringen. Seltsamerweise wurde Thor trotz seiner unübertroffenen Kraft von dieser scheinbar schwachen Gegnerin in die Knie gezwungen.

Die Gruppe fühlte sich besiegt und gedemütigt und bereitete sich darauf vor, am nächsten Tag abzureisen. Doch vor ihrer Abreise enthüllte Utgard-Loki die Verzauberungen und die Wahrheiten hinter den Herausforderungen. Das Trinkhorn war mit dem Ozean verbunden, und Thors Schlucke hatten die Gezeiten verursacht. Die graue Katze war niemand anderes als Jörmungandr, die Midgardschlange. Und die ältere Frau, Elli? Sie war das Alter selbst, etwas, das nichts jemals überwinden kann.

Thor erkannte die Täuschung durch die Tests und die beinahe apokalyptischen Konsequenzen und hob Mjöllnir, bereit, Utgard-Lokis Halle zu zerstören. Doch in einer Rauchwolke verschwanden die Burg und ihr rätselhafter Besitzer und ließen Thor und seine Gefährten in einer leeren Ebene zurück.

Obwohl die Geschichte von Utgard-Loki als eine Geschichte der Niederlage wahrgenommen wird, veranschaulicht sie Thors immense Macht und die Klugheit der Riesen. Sie ist ein Zeugnis dafür, welchen Grenzen die göttliche Macht unterliegt, wenn sie mit den Elementen des Daseins und der Natur konfrontiert wird. Doch ganz im Sinne von Thors immer wachsamem Geist dient die Geschichte auch als Leuchtfeuer der Widerstandsfähigkeit und des unermüdlichen Strebens nach Triumph.

KAPITEL 5

MYTHEN VON VERRAT
UND SCHICKSAL

Stellen Sie sich eine Welt vor, in der Träume die Zukunft andeuten und jedes Versprechen genug Gewicht hat, um den Lauf des Schicksals zu verändern. Im Herzen der nordischen Mythologie, verwoben mit den Geschichten von Göttern und Helden, gibt es Erzählungen voller Verrat, Schicksalsschlägen und Momenten, die die Bande der Loyalität und Liebe auf die Probe stellen.

In diesem Kapitel erfahren Sie die ergreifende Geschichte von Baldur, dem hellsten der Asengötter, dessen Schicksal auf tragische Weise in ein hinterhältiges Komplott verwickelt wurde. Anschließend werden Sie Zeuge der Stärke und Aufopferung in der Legende von Fenrir, dem furchterregenden Wolf, dessen Fesseln nicht nur Ketten waren, sondern Symbole für gebrochenes Vertrauen und den Preis, den man für Verrat zahlt. Schließlich reisen Sie mit Sigurd, dem legendären Drachentöter, dessen Leben sich mehr dahinschlängelt als der Drache, den er zu besiegen versuchte. Von verräterischen Verwandten bis hin zu Prophezeiungen, die Schicksale besiegeln – diese Geschichten erinnern daran, dass selbst in der Mythologie die Grenze zwischen richtig und falsch so fein sein kann wie die Klinge eines Schwertes.

Die ominösen Träume von Baldur und sein Untergang

Asgard, ein Reich, das normalerweise von der Fröhlichkeit der Götter erfüllt ist, begann, das Gewicht einer unsichtbaren Last zu spüren. In jeder Halle und jedem majestätischen Palast, in dem normalerweise fröhliche Geschichten und Lieder widerhallten, breitete sich ein Anflug von Besorgnis aus. Im Mittelpunkt stand Baldur, der oft als der „*Strahlende*" beschrieben wird, der Gott, der alles Reine, Lichte und Schöne verkörpert. Seine Gegenwart war wie der erste Schimmer der Morgendämmerung nach einer langen Nacht oder wie die sanfte Wärme, die man an einem sonnigen Tag auf der Haut spürt. Er war die strahlende Sonne Asgards, und seine Not berührte jeden Gott, jede Göttin und jedes mythische Wesen.

Jeden Abend, wenn die Dunkelheit das Reich einhüllte, wurde Baldurs Schlaf gestört. Visionen von schattenhaften Gestalten, von Landschaften ohne Licht und klagende Geräusche quälten ihn. Es waren nicht nur flüchtige Bilder, die mit dem Morgenlicht verblassten; sie blieben und prägten sich in Baldurs Seele ein. Sie waren prophetischer Natur und deuteten auf eine unumkehrbare und unmittelbar bevorstehende Katastrophe hin.

Das Gewicht dieser Vorahnungen war für Baldur zu schwer, um es allein zu tragen. Auf der Suche nach Trost und Verständnis erzählte er den anderen Göttern von diesen beunruhigenden Träumen. Der mächtige Odin, die weise Frigg, der donnernde Thor – sie alle hörten mit wachsender Furcht zu. In einer Welt, in der die Nornen, die Weberinnen des Schicksals, das Schicksal von Göttern und Sterblichen gleichermaßen bestimmten, durften solche Träume nicht auf die leichte Schulter genommen werden. Sie waren mehr als nur Fragmente eines ruhelosen Geistes; sie waren Fäden, die die Zukunft andeuteten.

Als die Götter zusammenkamen, hallte die Schwere von Baldurs Träumen durch die neun Reiche. Yggdrasil, der riesige Baum, dessen Wurzeln und Äste mit jedem Winkel des Kosmos verwoben sind, spürte die Besorgnis der Götter. Seine Blätter raschelten vor Unbehagen, und seine Wurzeln zitterten, als ob das Fundament des Universums das Ausmaß des drohenden Unheils erkennen würde.

In diesen Momenten wurde den Göttern von Asgard klar, dass diese Träume nicht nur Baldurs Last waren. Sie waren ein Ruf an alle, eine Warnung davor, dass selbst im Reich der Götter nicht alles starr und ewig war. Die Frage, die bestehen blieb, war: *Konnte das Schicksal umgeschrieben werden oder stand Asgard kurz davor, Zeuge einer Geschichte zu werden, die von Leid und unumkehrbaren Veränderungen geprägt war?*

Friggs eisernes Versprechen

Das Gewicht eines Mutterherzens wurde in der dröhnenden Stille nach Baldurs Enthüllungen spürbar. Frigg, Königin der Asen und ein Leuchtfeuer der Weisheit und Liebe, fühlte einen Schmerz, den nur eine Mutter verstehen kann. In ihrem Innersten herrschte eine Furcht, die selbst die Weiten ihres göttlichen Wissens überschattete. Für Frigg war die Vorstellung von Baldurs Tod nicht nur eine Prophezeiung, sondern ihre größte und verheerendste Angst, die Wirklichkeit wurde.

Entschlossen, die drohenden Schatten der ominösen Träume ihres Sohnes zu bekämpfen, beschloss Frigg, die Dinge selbst in die Hand zu nehmen. Mit stählerner Entschlossenheit begab sie sich auf eine Reise, die in ihrem Ausmaß und ihrem Ziel beispiellos war. Mit jeder Morgendämmerung begab sie sich in einen anderen entlegenen Winkel des Universums und wandte sich an jedes einzelne Wesen, egal wie groß oder klein es war. Von den tosenden Winden, die über die Reiche rasen, bis zu den stillen Edelsteinen tief im Bauch der Erde, von den blendenden Strahlen ferner Sterne bis zum sanften Flügelschlag eines Schmetterlings – Frigg näherte sich ihnen allen. Mit einer inständigen Bitte, die aus den tiefsten Gräben ihres Herzens kam, flehte sie jeden an, einen Eid zu schwören: Baldur niemals Schaden zuzufügen.

Die Nachricht von Friggs Mission verbreitete sich in allen Reichen, und die Kraft ihres Flehens, die Aufrichtigkeit ihrer Tränen und das Gewicht ihrer Liebe waren so groß, dass sich ihr kein Wesen widersetzen konnte. Die Meere versprachen, Baldur niemals zu ertränken, die Feuer schworen, ihn niemals zu verbrennen, und selbst die Kreaturen mit Reißzähnen und Klauen schworen, dem geliebten Gott niemals etwas anzutun.

Doch trotz all ihrer Bemühungen übersah sie ein Wesen – einen scheinbar unscheinbaren Mistelzweig. Er stand so zart und bescheiden inmitten des weiten Kosmos, dass Frigg ihn für harmlos hielt. *Wer könnte sich vorstellen, dass eine so zarte Pflanze, die oft mit Liebe und Festlichkeiten in Verbindung gebracht wird, eine Bedrohung darstellen könnte?* Sie blieb unberührt von dem riesigen Schutznetz, das Frigg sorgfältig geknüpft hatte, eine stille und unbemerkte Ausnahme inmitten eines Universums, das nun geschworen hatte, Baldur zu schützen.

In dieser unerschütterlichen mütterlichen Suche kann man nicht anders, als die Tiefen der Liebe einer Mutter zu erkennen. Sie ist ein Zeugnis davon, wie weit man gehen würde, um einen geliebten Menschen vor jedem erdenklichen Schaden zu bewahren. Doch die Verwicklungen des Schicksals sind so, dass manchmal die ahnungslosen Elemente zum Dreh- und Angelpunkt werden, und wenn man das Unscheinbare übersieht, werden die Wege oft unwiderruflich verändert.

Lokis Netz der Täuschung

Während Asgard sich über die neugewonnene Sicherheit von Baldur freute, die durch Friggs sorgfältige Bemühungen gewährleistet wurde, schlängelte sich eine Schlange des Neides und des Unheils unter ihnen dahin. Loki, der oft als der Unberechenbare unter den Asen bezeichnet wird, trug viele Masken. Vom verspielten Spaßvogel bis zum bösartigen Intriganten – seine Vielschichtigkeit kannte keine Grenzen. Während die Götter ihre Verwandtschaft und gegenseitige Bewunderung feierten, stand Loki oft am Rande. Sein Herz war verbittert darüber, dass ihm diese Zuneigung verweigert wurde.

Seinen scharfen Augen, die immer nach Gelegenheiten suchen, Zwietracht zu säen, entging nicht die einzige Ausnahme in Friggs riesigem Schutzzauber: *die unscheinbare Mistel.* In diesem Versehen sah Loki Potenzial – eine Chance, ein Geflecht des Chaos zu weben und das Undenkbare zu bewirken. Unter Lokis geschickten Händen erfuhr die Mistel eine dunkle Verwandlung. Sie war nicht länger ein Symbol der Liebe und des Feierns, sondern wurde zum Instrument des drohenden Leids in Asgard.

Wie es das Schicksal wollte, amüsierten sich die Götter in ihrer Fröhlichkeit oft, indem sie Baldurs neugewonnene Unverwundbarkeit testeten und ihn mit Waffen und Gegenständen bewarfen, nur um zusehen zu können, wie diese einen Bogen um ihn machten, um das Gelübde gegenüber Frigg zu respektieren. Was die Götter nicht wussten, war, dass diese spielerische Handlung zum Schauplatz einer von Lokis List inszenierten Tragödie werden sollte.

Als er Hödur, Baldurs blinden Bruder, entdeckte, erkor sich Loki einen weiteren Bauern in seinem komplizierten Spiel. Er täuschte Kameradschaft vor und reichte Hödur den tödlichen Mistelpfeil. Der unschuldige, ahnungslose und blinde Hödur, der an den Festivitäten teilnehmen wollte, warf den Pfeil, wobei Loki die Flugbahn des Pfeils geschickt lenkte.

Der Moment, der folgte, war ein Moment des schieren Unglaubens. Das Gelächter in den Hallen Asgards wurde abrupt durch eine erdrückende Stille ersetzt. Der Unbesiegbare war gefallen. Baldur, das Leuchtfeuer des Lichts und der Freude, lag regungslos da, niedergestreckt von dem, was niemand hatte kommen sehen.

Als die Tränen flossen und die Trauer Asgard überflutete, erschütterten die Folgen dieser Tat das Gefüge des Kosmos bis in seine Grundfeste. Es ging dabei nicht nur um Baldurs Ableben und auch nicht nur um Lokis Verrat. All dies war ein düsteres Vorzeichen für das größere Unheil, das die Götter erwartete: Die prophezeite Ragnarök. Baldurs Fall diente als düstere Erinnerung daran, dass das Schicksal, egal, wie sehr man versucht, seinen Lauf zu ändern, sich seinen Weg bahnt, besonders wenn Betrug und Verrat ihren Einfluss geltend machen.

Fenrir, ein Wolf wie kein anderer

In den strahlenden Reichen Asgards, wo die Götter Hof hielten und Heldengeschichten gesponnen wurden, drängte die Geschichte einer Kreatur immer stärker in den Vordergrund und hallte mit einer Resonanz wider, die selbst göttliche Ohren nicht ignorieren konnten. Fenrir, der große Wolf, war ein Zeugnis für die unberechenbare Natur der Schöpfung. Fenrir, der

73

aus der Vereinigung von Loki, dem Gott des Unheils, und Angrboda, einer Riesin aus Jötunheim, hervorging, war ein Rätsel mit Fell und Reißzähnen.

Als Jungtier hätte Fenrir einen zufälligen Beobachter mit seinem unschuldigen Gekläffe und seiner Ausgelassenheit täuschen können. Sein Fell, pechschwarz wie eine mondlose Nacht, hatte einen mystischen Glanz. Und seine Augen, zwei Kugeln aus geschmolzenem Gold, zeugten von einer faszinierenden und beunruhigenden Tiefe. Während die Tage verstrichen, wurde das spielerische Verhalten des Jungwolfs allmählich von der wachsenden Kraft in seinem Inneren abgelöst. Mit jeder Morgendämmerung wurde er größer, eindrucksvoller und der Hunger in seinem Blick schien exponentiell zu wachsen.

In ihrer unendlichen Weisheit und Voraussicht konnten die Götter die starke Energie spüren, die Fenrir ausstrahlte. Einst waren ihre göttlichen Versammlungen erfüllt von Geschichten über Tapferkeit und Fröhlichkeit, doch nun zeigte sich ein Anflug von Besorgnis. Odin beobachtete die Bewegungen des Wolfs mit gerunzelter Stirn, während selbst Thor, der unbezwingbare Gott des Donners, Fenrir mit vorsichtigem Respekt behandelte.

Geflüster war in den goldenen Korridoren Asgards zu hören. Geschichten über Fenrir verbreiteten sich, nicht nur als Geschichten, sondern als warnende Beispiele. Das Heulen des Wolfes, das mit einer unheimlichen Schönheit durch die Reiche hallte, war eine eindringliche Erinnerung an seine wachsenden Fähigkeiten. Götter und Göttinnen grübelten über tiefgründige Fragen nach – *konnte Fenrir eine solch rohe, intensive Kraft besitzen? War er nur ein Symbol für die wilde Unberechenbarkeit der Natur oder Vorbote eines zukünftigen Chaos, das ihre Existenz zerstören könnte?*

Es war nicht nur sein körperliches Wachstum, das alle beunruhigte. Das Wesen von Fenrir, die Seele der Wildnis selbst, war ein Rätsel. *Wie kann es gelingen, die Bewegungen des Windes oder die Launen eines Sturms vorherzusagen?* Fenrir war in seiner Erhabenheit nun mehr als nur der Nachkomme von Loki. Er war die ungezähmte Natur, eine Herausforderung, mit der selbst die Götter rechnen mussten; ein Rätsel, das sie nun zu lösen hatten.

Die Lösung

Während an den Höfen Asgards Bedenken und Überlegungen geäußert wurden, formte sich im kollektiven Bewusstsein der Götter eine Entscheidung: Fenrir musste gebunden werden. *Aber wie?* Jede Kette, jede Fessel, die sie ausprobiert hatten, wurde von dem Wolf mühelos zerrissen, als wären es nur dünne Fäden. Das schiere Ausmaß seiner Kraft wurde zu einem Rätsel, das selbst die scharfsinnigsten unter den Asen beschäftigte. Ihre Bemühungen mussten über physische Stärke hinausgehen; sie mussten die mystische Welt der Magie und der Verzauberung erforschen.

Die Antwort lag tief in den dunklen Höhlen von Schwarzalbenheim, dem Reich der Zwerge, verborgen. Obwohl sie in den von Göttern und Riesen dominierten Geschichten oft übersehen wurden, hüteten diese kleinen Wesen Geheimnisse, die vielen unbekannt sind. Ihre Kunstfertigkeit bestand nicht nur in der Verarbeitung von Metallen, sondern auch in der Fähigkeit, das Mystische mit dem Physischen zu verbinden. Wenn es eine Lösung gab, dann glaubten die Götter, dass sie in den geschickten Händen und dem genialen Verstand dieser unterirdischen Handwerker zu finden war.

Angewiesen mit einer Aufgabe, die ihre unvergleichlichen Fähigkeiten herausfordern würde, vertieften sich die Zwerge in ihre alten Bücher, flüsterten von der Zeit vergessene Beschwörungsformeln und machten sich daran, ein Meisterwerk zu schaffen. Sie suchten nach Bestandteilen, die nicht aus der greifbaren Welt stammten, sondern aus dem Mystischen, dem Ungewöhnlichen und dem Ungreifbaren. Mit viel Liebe zum Detail verbanden sie diese unwahrscheinlichen Komponenten. Das Ergebnis war Gleipnir – scheinbar zart in seiner Erscheinung, aber in Wahrheit ein Symbol immenser Stärke.

Als sie den seidigen Faden in den Händen hielten, äußerten viele Götter Zweifel. *Konnte ein so zerbrechlich wirkender Faden den mächtigen Fenrir bändigen?* Doch genau darin lag die Brillanz der Zwerge. Sie hatten aus der Essenz des Universums geschöpft und erkannt, dass die größte Stärke manchmal nicht in dem liegt, was man sieht oder fühlt, sondern in dem, was sich darunter verbirgt und unsichtbar ist.

Doch die wahre Herausforderung lag noch vor ihnen. Gleipnir zu fertigen, war eine Sache, aber es um den massiven Hals eines misstrauischen Wolfs zu legen, der die früheren Versuche der Götter, ihn zu binden, nicht vergessen hatte, war eine andere. Und dieses Unterfangen würde Kraft oder Verstand und ein Opfer erfordern, das für immer in die Annalen der nordischen Mythologie eingehen würde.

Der ultimative Test

Doch inmitten der überragenden Gestalten der Götter und Göttinnen trat eine mit einer Überzeugung hervor, die so heldenhaft war, dass sie die Anwesenden demütig werden ließ. Tyr, der Gott des Rechts und der kriegerischen Gerechtigkeit, besaß einen unnachgiebigen Sinn für Ehre. Er sah über die unmittelbare Gefahr hinaus und verstand, dass es bei dieser Herausforderung nicht nur darum ging, Fenrir zu binden, sondern auch darum, das zerbrechliche Gleichgewicht wiederherzustellen, das durch die Anwesenheit des Wolfs gestört worden war.

Als die Götter Fenrir ein Spiel vorschlugen – eine scherzhafte Herausforderung, um die Stärke von Gleipnir zu testen – flackerten die bernsteinfarbenen Augen des Wolfs misstrauisch auf. Fenrir war zwar unübertroffen stark, aber er war auch intelligent. Er bemerkte das Unbehagen der Götter, ihre Blicke und ihr gezwungenes Lächeln. Seine Bedingung, dass ein Gott ihm als Garantie die Hand in das Maul legen müsste, war sowohl eine Herausforderung als auch eine Bekanntgabe. Fenrir zeigte ihnen, dass er wusste, was auf dem Spiel stand, und betonte, dass er kein bloßer Spielball war, mit dem man machen konnte, was man wollte.

Eine schwere Stille trat ein. Die Götter sahen sich gegenseitig an, unsicher; jeder wog das Risiko ab. In diesem angespannten Moment trat Tyr mutig vor und bot seine Hand als Garantie an. Mit dieser Tat wurde Tyr zu einem Beispiel für wahre Aufopferung, da er erkannte, dass das größere Wohl manchmal persönliche Verluste erfordert.

Als Gleipnir sich um Fenrir wickelte, wurde seine Magie offensichtlich. Die Kette, leicht wie eine Feder, schien Fenrirs Kraft zu absorbieren und sie gegen ihn zu wenden. Jeder Kampf, jedes Knurren machte die Fessel nur noch unnachgiebiger. Die Erkenntnis des Verrats dämmerte Fenrir und in diesem Moment wütender Klarheit biss er zu und forderte Tyrs Hand.

Die Wiesen von Asgard, die schon unzählige Geschichten von Tapferkeit erlebt hatten, sahen an diesem Tag eine andere Art von Heldentum. Es war eine Geschichte von Aufopferung und Ehre, von einem Gott, der einen Teil seiner selbst aufgab, um die Sicherheit aller zu gewährleisten. Tyrs Verlust wurde zu einem Symbol, einer ergreifenden Erinnerung daran, dass wahre Tapferkeit oft nicht im Sieg liegt, sondern in den Opfern, die auf dem Weg dahin erbracht werden.

KAPITEL 6

RAGNARÖK

*H*aben Sie jemals die *Schwere eines Abschieds gespürt? Das tiefe Gefühl, dass sich etwas Monumentales dem Ende zuneigt?* In den nordischen Mythen ist dies Ragnarök. Es ist eine explosive Schlacht, die das Ende der Welt und die Erschaffung einer neuen markiert. Der Begriff kann mit *„Schicksal der Götter"* oder *„Untergang der Mächte"* übersetzt werden und bezeichnet die ultimative Abrechnung zwischen den Göttern und ihren Feinden, den Riesen und Monstern.

Wenn von *„apokalyptischen"* Geschichten die Rede ist, denkt man vielleicht an chaotische Landschaften und Helden, die ihren letzten Widerstand leisten. Doch Ragnarök war dabei einzigartig. Selbst die Götter wussten, dass ihre Tage gezählt waren. Hier hatten sich die Fäden des Schicksals eines jeden Wesens bereits auf unausweichliche Weise verwoben. Während die Winde des Wandels tosten und die Erde bebte, rückte das unvermeidliche Ende näher. Aber wie alle großen Geschichten hatte auch dieses Finale eine Wendung. Denn selbst in der Zerstörung schlummert Hoffnung.

Tauchen Sie in dieses Kapitel ein, um die erschütternden Zeichen zu erforschen, die diesen kosmischen Showdown vorhersagten: Die beängstigenden Prophezeiungen der Völva, der eisige Fimbulwinter, der das Reich überziehen würde, und die kritischen Momente, die die Götter, Riesen und Menschen auf ihre letzte Konfrontation zutrieben. Die Luft würde sich mit dem ohrenbetäubenden Klang von Heimdalls Horn füllen, der das Durchbrechen des Bifröst, der Regenbogenbrücke, die die Welten verbindet, ankündigt. Während die Bühne für diese göttliche Schlacht bereitet wird, werden Sie Zeuge legendärer Konfrontationen

– Odins verzweifelter Kampf gegen den monströsen Wolf Fenrir und Thors erbittertes Aufeinandertreffen mit der riesigen Schlange Jörmungandr. Doch jenseits der Zerstörung und Verzweiflung erwartet Sie eine neue Morgendämmerung. Entdecken Sie die Wiedergeburt, den Funken der Hoffnung und das Versprechen einer Welt, die aus der Asche wiedergeboren wird.

Der Auftakt zu Ragnarök

Während Sie sich dem Ereignishorizont des ultimativen Höhepunkts der nordischen Mythologie nähern, sollten Sie einen Schritt zurücktreten und die Kette der Ereignisse Revue passieren lassen, die Sie hierhergeführt haben. Alle diese Momente zusammen, einige großartig, andere intim, haben sich zu einem Geflecht zusammengefügt, das auf Ragnarök hindeutet. Hier ist eine kurze Zusammenfassung:

Lokis Saat der Zwietracht

Mit seiner silbernen Zunge und seiner Vorliebe für das Chaos zeugte der Betrüger Loki Kinder, die für die Götter zum Albtraum wurden. Fenrir, der monströse Wolf, der mit Ketten gefesselt war; Jörmungandr, die Schlange, die in ihrer Weite Midgard umspann, indem sie sich selbst in den Schwanz biss; und Hel, die über die verlorenen Seelen in ihrem namensgebenden Reich herrschte. Die Geschichten dieser Kreaturen handelten nicht nur von Geburt und Verbannung, sondern auch von einem glühenden Versprechen, sich an denen zu rächen, die sie gefangen hielten.

Baldurs Fall

Über die Festlichkeiten in Asgard legte sich ein Schatten. Baldur, strahlend und verehrt, ereilte ein Schicksal, das sich niemand hatte vorstellen können. Durch Lokis List verlor Asgard den Gott des Lichts; dies stürzte die Reiche in eine so tiefe Trauer, dass sogar die Steine weinten. Baldurs Sturz war mehr als eine persönliche Tragödie; er war ein düsteres Omen, das die Verwundbarkeit der Götter widerspiegelte.

Lokis bittere Ketten

Die Vergeltung fand Loki, aber sie war nicht schnell genug. In der eisigen Umarmung einer Höhle lag er gefesselt, Schlangengift tropfte auf seine Stirn. Jeder quälende Tropfen war eine Erinnerung an seine Taten. Jedes Zittern seines Körpers durch seine unerträglichen Qualen war als Beben auf der ganzen Welt zu spüren. Weit davon entfernt, seinen Geist zu brechen, schürten diese Qualen nur die Flammen seines Hasses.

Unheilvolle Spannungen und Allianzen

Im Laufe der Zeit waren auch die Götter nicht vor Konflikten zwischen Interessen und Ideologien gefeit. Die Asen und die Wanen, zwei Fraktionen der Götter, hatten ihre Kämpfe und Abkommen. Doch hinter diesen oberflächlichen Versöhnungen steckten tiefergehende Spannungen, die durch die Klagen der Riesen noch verstärkt wurden. Diese angespannten Beziehungen waren die Unterströmungen, die die Welt allmählich auf das ihr prophezeite Schicksal zusteuerten.

Zeichen und Omen, die auf die Endzeit hinweisen

Wie in jeder großen Saga wird das Herannahen der Ragnarök durch Zeichen angekündigt, durch Vorboten, die das Ende der Tage ankündigen. Dies sind keine bloßen Zufälle, sondern Zeichen, die auf eine kosmische Verschiebung, eine universelle Abrechnung hinweisen. Die Welt stürzt nicht einfach ins Chaos, sondern wird auf dieses Chaos Stück für Stück zugetrieben – durch diese Omen, die das Gleichgewicht langsam aber sicher kippen. Sie dienen als Vorspiel, als Erinnerung daran, dass es selbst in einer Welt der Götter und Riesen eine höhere Ordnung gibt; ein Schicksal, dem sich auch die Mächtigsten nicht entziehen können. Es ist eine Lektion in Demut und Respekt vor den größeren Kräften, die im Spiel sind, und ein Aufruf dazu, sich auf die Götterdämmerung vorzubereiten.

Aber Ragnarök beginnt nicht mit ohrenbetäubendem Gebrüll oder katastrophalen Ereignissen. Stattdessen beginnt es mit Feinheiten, mit Dingen, die nicht in Ordnung sind. Es gibt Verrat unter Göttern und Verwandten. Bruderschaften zerbrechen, Eide werden gebrochen und es wird klar, dass die einst unzerstörbar geglaubten Bande zu bröckeln beginnen.

Im Folgenden finden Sie weitere Ereignisse, die auf das Kommen von Ragnarök hindeuten.

Die kosmischen Unruhen

Der Kosmos bot die ersten Warnungen, bevor irgendetwas auf der Erde eine greifbare Form annahm. Die einst vorhersehbaren Muster der Sterne wurden gestört. Mond- und Sonnenfinsternisse traten ohne Vorwarnung auf. Der Nachthimmel, eine beruhigende Decke aus Sternbildern, die den nordischen Völkern bekannt waren, begann, Unregelmäßigkeiten zu zeigen. Diese kosmischen Störungen waren eindeutige Indikatoren für diejenigen, die nach oben blickten; ein universelles Zeichen dafür, dass sich ein bedeutender Wandel am Horizont abzeichnete.

Die Unruhe der Natur

Die Natur, die tief verehrt wurde und untrennbar mit der nordischen Lebensweise verbunden war, begann, sich unberechenbar zu verhalten. Die Meere wurden grundlos wilder und die Wellen schlugen wütend gegen die Küsten. Bäume, die einst fest und verwurzelt waren, schwankten, als ob sie sich unwohl fühlten. Tiere, insbesondere solche, die in den nordischen Legenden als heilig galten, zeigten ein ungewöhnliches Verhalten. Vögel änderten ihre Zuggewohnheiten, und Wölfe, die man oft in Rudeln sah, streiften nun einsam umher. Das Wesen der natürlichen Welt schien in Aufruhr zu sein und die sich zusammenbrauende Unruhe widerzuspiegeln.

Unnatürliche Wettermuster

Anders als der verheerende Fimbulwinter waren die frühen Wetteranomalien subtil. Einige Sommer fühlten sich zu kurz an, und der Frühling blühte nicht so auf, wie er sollte. Statt dass der Regen rhythmisch fiel, regnete es in sintflutartigen Sturzbächen oder gar nicht. Nebel bedeckte Regionen, die für ihre Klarheit bekannt waren, und unerklärliche Kälteeinbrüche erfassten die wärmsten Länder. Diese Wettermuster waren zwar nicht katastrophal, aber sie wichen deutlich von der Norm ab und unterstrichen das drohende Ungleichgewicht.

Visionen und Träume

Die nordischen Völker legten großen Wert auf Träume und Visionen. Diese waren eine Brücke zum Ätherischen, eine Verbindung zum Göttlichen, eine Möglichkeit, sich mit den größeren kosmischen Geschehnissen zu verbinden, die das Schicksal von Göttern und Sterblichen gleichermaßen beeinflussten. Als sich Ragnarök abzeichnete, begann diese Traumwelt zu schwingen und gestaltete ein lebendiges Bild von bevorstehendem Aufruhr und Transformation.

Die alles sehende Völva

Im Mittelpunkt der nordischen prophetischen Visionen stand die Völva, eine mächtige Seherin, die in den alten Künsten der Weissagung bewandert war. Die Völva, die eng mit Runen und Ritualen verbunden war, konnte Erkenntnisse aus kosmischen Quellen gewinnen. Je näher Ragnarök rückte, desto mächtiger wurden ihre Vorhersagen, die von den Visionen der letzten Tage erfüllt waren.

Sie sprach von einer Welt, die in Flammen steht, von Göttern, die ihrem Schicksal begegnen, von der Erde, die im Wasser versinkt, und von einer Finsternis, die die Sonne verschlingt. Obwohl ihre Prophezeiungen zutiefst metaphorisch waren, spiegelten sie die Träume vieler Menschen wider und verliehen deren nächtlichen Visionen eine gewichtige Bestätigung.

Symbole und Motive

Die Worte der Völva wurden verehrt, aber was die Vorahnungen von Ragnarök noch beängstigender machte, war, wie weitverbreitet sie waren. Es waren nicht nur die Seher und Schamanen, die vom Ende träumten, sondern die gesamte nordische Gesellschaft. Krieger, oft stoisch und unerschütterlich, berichteten von Träumen, in denen ihre Schwerter an unsichtbaren Kräften zerbrachen. Bauern, die normalerweise mit Träumen von reichen Ernten gesegnet waren, sahen nun unfruchtbares Land und verdorrende Ernten. Kinder, deren Träume normalerweise frei von der Last der Realität waren, wachten weinend auf und schilderten Visionen von verdunkelten Himmeln und einer Welt in Unordnung.

In diese Träume waren immer wiederkehrende Symbole eingeflochten, jedes ein Puzzleteil im größeren Bild von Ragnarök. Da ist das Schiff Naglfar, gefertigt aus den Nägeln der Toten, das mit einer Armee des Chaos segelt. Der angekettete Wolf Fenrir, der ausbricht und sein Maul weit aufreißt, um die Welt zu verschlingen. Schlangen, die sich aus der Tiefe erheben, und Adler, die ihre Kriegsschreie ausstoßen. Und im Zentrum des Geschehens steht der allgegenwärtige Yggdrasil, der Weltenbaum, dessen Äste beben – eine Ankündigung des bevorstehenden Zusammenstoßes der Reiche.

Der Fimbulwinter und moralischer Verfall

Stellen Sie sich den kältesten Winter vor, den Sie je erlebt haben. Und nun stellen Sie sich vor, dieser Winter würde sich unendlich lange hinziehen, ganze drei Jahre lang. Das ist der Fimbulwinter, eine Zeit in den nordischen Sagen, in der die Welt in einen nicht enden wollenden Frost gehüllt ist. Aber dabei geht es nicht nur um kaltes Wetter. Dieser lange Winter ist ein Signal, eine Warnung vor harten Zeiten. Der harte Winter, der vor der großen Schlacht von Ragnarök eintritt, symbolisiert den Verfall des moralischen Gefüges der Gesellschaft.

Während des Fimbulwinters geschieht etwas Seltsames. Nicht nur das Land gefriert, auch die Herzen der Menschen scheinen zu erkalten. Familienmitglieder, die einander lieben und füreinander sorgen sollten, streiten und kämpfen. Brüder, die einst zusammenspielten, werden nun zu Feinden. Es ist, als ob die Welt die Freundlichkeit und das Vertrauen vergisst.

Langjährige Regeln und Traditionen, die die Gesellschaften zusammengehalten haben, beginnen zu zerfallen. Die Menschen trauen einander nicht, und überall gibt es Zweifel. In dieser Zeit wird es schwer, echte Freundschaft oder Liebe zu finden. Statt herzlicher Umarmungen und gemeinsamem Geschichtenerzählen am Feuer distanzieren sich die Menschen und verlieren sich in der inneren und äußeren Kälte.

Der Fimbulwinter ist also mehr als nur eine kalte Jahreszeit. Es ist eine Zeit, in der sich die Welt verändert, in der die Menschen die Dinge vergessen, die wirklich wichtig sind, wie Liebe, Vertrauen und Geselligkeit. Und dieses Einfrieren, sowohl des Wetters als auch der Herzen, ist ein Zeichen dafür, dass große Herausforderungen auf uns alle zukommen.

Die letzte Schlacht

In den verschlungenen Geschichten der nordischen Mythologie, die von Heldentaten, Liebe, Verrat und Rache geprägt sind, steht ein entscheidendes Ereignis über allem anderen. Dieser Moment, der von Propheten vorhergesagt wurde und tief im Universum verankert ist, bestimmt das Schicksal der Götter und Menschen. Es ist mehr als nur eine Schlacht; es ist ein Dreh- und Angelpunkt, der das Wesen des Lebens und des Kosmos selbst infrage stellt. Es kommt zum ultimativen Showdown, der die Entstehung von Legenden und das Ende von Epochen markiert: die letzte Schlacht. Sie beginnt damit, dass Heimdall in das Horn bläst und den Bifröst zerbricht, was den Beginn von zwei bedeutenden Konfrontationen einläutet.

Heimdalls Horn und das Zerbrechen von Bifröst

Eingebettet in die große Weite des Kosmos liegt Bifröst, eine Brücke, wie es sie sonst nirgendwo gibt. Sie strahlt in Farben jenseits der menschlichen Vorstellungskraft und ist ein Zeugnis für die Wunder und Grenzen der Schöpfung. Sie ist nicht nur ein architektonisches Wunderwerk, sondern ein Symbol, eine Verbindung. Das eine Ende dieser schimmernden Brücke berührt Midgard, das Reich, das die Menschen ihr Zuhause nennen, während das andere Ende seinen Platz in der himmlischen Residenz Asgard findet, wo die Götter grübeln, planen und herrschen.

Heimdall, mit Augen so scharf wie die eines Falken und Ohren, die das leiseste Flüstern des wachsenden Grases hören können, ist der Wächter dieser Brücke. Er braucht weniger Schlaf als ein Vogel und kann hundert Meilen weit sehen, ob bei Tag oder Nacht. Mit diesen Eigenschaften ist er der perfekte Wächter, der auf jede Störung, jede Bedrohung der Reiche achtet.

Doch bei all seinen geschärften Sinnen kennt selbst Heimdall das Gewicht der Prophezeiung. Es gibt ein Geräusch, ein Ereignis, das sogar er fürchtet: das Ertönen des Gjallarhorns. Ein Horn, das so mächtig ist, dass sein Ruf nicht nur ein Geräusch ist, sondern eine akustische Kraft, eine Ankündigung. Und wie es die alten Geschichten vorhersagten, signalisieren seine tiefen, widerhallenden Töne, die die Luft erfüllen, den Höhepunkt des Schicksals, die Ankunft von Ragnarök.

Als Heimdall schließlich das Gjallarhorn an seine Lippen setzt, zerreißt der klagende Ruf das Gewebe aller Reiche. Ein Ruf, der so mächtig ist, dass das Fundament von Bifröst, das seit Jahrhunderten allen Herausforderungen standgehalten hat, Risse bekommt und zerbricht. Die Regenbogenfarben, die einst ein Zeugnis der Einheit und Verbindung waren, werden schwach und verblassen. Das Symbol der Einheit zwischen den Welten zerbricht und der Weg zwischen Göttern und Menschen verschwindet.

Was auf diesen entscheidenden Moment folgt, ist nicht nur das Fehlen einer Brücke, sondern eine Leere, eine beunruhigende Erkenntnis, dass die Sicherheitsnetze zerstört sind. Die Reiche, die einst in einem empfindlichen Gleichgewicht standen und durch den Bifröst zusammengehalten wurden, driften nun auseinander und sind isoliert. Dieser Bruch ist nicht nur physisch, er ist auch symbolisch. Das Zerbrechen des Bifrösts bedeutet das Zerreißen eines Bands, den Beginn eines Zeitalters des Chaos, in dem Schicksale aufeinanderprallen und die Welt sich auf ihre Dämmerung vorbereitet.

Die Hauptkonfrontationen

Als der Bifröst bröckelt und die Grenzen zusammenbrechen, folgen alle Wesen, ob Götter, Riesen oder Monster, dem Ruf zu den Waffen. Die Felder von Wigrid werden zur großen Bühne für diese kosmische Konfrontation; eine riesige Ebene, auf der sich Schicksale verflechten und alte Rechnungen beglichen werden.

Odin gegen Fenrir

Inmitten des Kataklysmus von Ragnarök, bei dem das gesamte Gefüge der Existenz zu beben und zu zerbrechen schien, stach ein besonderes Duell hervor, in dem das Gewicht von Zeitaltern und die miteinander verwobenen Schicksale der beiden Gegner mitschwangen. Dies war kein bloßes Scharmützel, sondern ein Tanz der Titanen, der seit den frühen Tagen des Kosmos vorhergesagt worden war.

Odin, das Oberhaupt der Asen und der Architekt der Größe Asgards, war ein Gott des Krieges und eine Gottheit von großer Weisheit. Seit Langem hatte er versucht, den Lauf des Schicksals zu verstehen und, wenn möglich, zu ändern. Er betrat das Schlachtfeld, begleitet von seinen Raben und in seinen vertrauten Umhang gehüllt, nicht mit Arroganz, sondern mit einem nüchternen Verständnis für die Schwere der Prophezeiung, der er sich stellen musste. Sein Speer, Gungnir, den er fest in der Hand hielt, hatte schon viele Schlachten gesehen, aber keine so monumental wie diese.

Fenrir erschien auf der anderen Seite und befreite sich von den Ketten, die ihn einst fesselten. Dieser kolossale Wolf, mit einem Fell so dunkel wie die Nacht und Augen, in denen die Feuer der Rache loderten, symbolisierte die Ängste der Götter und ihre Bemühungen, das

Unkontrollierbare zu bändigen. Als Welpe hatten die Götter mit ihm gespielt, doch als er wuchs, wuchs auch ihre Besorgnis. Als er von den Asen mit der magischen Gleipnir gefesselt wurde, wurde sein Vertrauen missbraucht und ein Schwert wurde in seinen Kiefer geklemmt, um ihn offenzuhalten. Jetzt hatte er genau dieses Schwert beiseite geworfen und sein Heulen spiegelte den Schmerz und den Verrat wider, den er erlitten hatte.

Die Konfrontation der Epochen

Als sich die beiden Kontrahenten gegenüberstanden, war die Spannung greifbar. Hier war Odin, der die Ordnung, die Weisheit und das Bestreben der Götter, ihr Schicksal zu gestalten, repräsentierte. Ihm gegenüber stand Fenrir, die Verkörperung des Chaos, der wilden Macht und der Folgen des Handelns der Götter.

Ihr Kampf war episch. Odin bewegte sich zielstrebig und strategisch und versuchte, seine große Erfahrung und die Kräfte von Gungnir zu nutzen, um die Bestie zu bezwingen. Aber Fenrir, getrieben von ureigener Wut und der damit verbundenen unbändigen Kraft, sprang auf ihn zu, schnappte und wirbelte ihn herum und brachte oft den Boden zum Beben. Ihre Schatten tanzten über das Schlachtfeld und zeugten von Verzweiflung und Entschlossenheit.

Es ging nicht nur ums Überleben. Für Odin war dies der Höhepunkt all seiner Bemühungen, seine Sippe und sein Reich zu schützen. Für Fenrir war dies der Moment, in dem er seine ganze Wut und seinen Zorn über seine ungerechte Gefangenschaft entfesseln konnte. Die beiden Mächte prallten aufeinander und erinnerten alle an das zerbrechliche Gleichgewicht zwischen Ordnung und Chaos und an den Preis von Handlungen, die aus Angst und durch Täuschung unternommen wurden.

Thor gegen Jörmungandr

Vor dem Hintergrund des Chaos von Ragnarök, in dem das Schicksal der Reiche auf der Kippe stand, braute sich ein Sturm zusammen, wie es ihn noch nie gegeben hatte. Dies war der Höhepunkt einer Rivalität, die in die Annalen der Mythologie einging; ein Duell, bei dem die Elemente der Natur selbst Krieg gegeneinander zu führen schienen.

Als Silhouette am stürmischen Himmel zu sehen, stand Thor, der Gott des Donners, entschlossen da. Sein rotes, wie meist ungezähmtes Haar wurde vom Wind zerzaust und spiegelte das Chaos wider. Er hielt Mjöllnir, seinen vertrauten Hammer, fest in der Hand. Für Thor ging es nicht nur um einen Kampf, sondern um den Schutz dessen, was ihm am teuersten war. Das Schicksal Midgards hing in der Schwebe, und er war sein entschlossener Hüter.

Aus den schäumenden Meeren tauchte ein Schrecken auf, der seit Langem ein Teil des Weltgefüges war. Jörmungandr, die Midgardschlange, war ein Wesen von unvorstellbarer Größe, das sich einmal ganz um die Erde herumgewickelt hatte. Ihre glitzernden und kalten Schuppen spiegelten den Abgrund wider, aus dem sie stammte. Jedes Mal, wenn sie sich bewegte, tobten die Wellen und die Gezeiten wogten – ein Zeugnis ihrer unvorstellbaren Macht.

Der Showdown zwischen den Elementarkräften

Der Himmel verdunkelte sich, als Thor den ersten Schritt tat und Mjöllnir mit all seiner Kraft schleuderte. Der Aufprall des Hammers auf die Schlange löste Schockwellen aus, und Blitze erleuchteten die riesige Gestalt der monströsen Kreatur. Doch Jörmungandr war noch lange nicht besiegt. Für jeden Schlag, den Thor ausführte, schlug die Schlange zurück. Ihr enormer Körper bewegte sich mit überraschender Agilität, und sie versuchte, den Donnergott in seinen Windungen einzufangen.

Es war ein Spektakel der Naturgewalt. Der Donner grollte und forderte das ohrenbetäubende Zischen der Schlange heraus. Jeder Blitz wurde durch einen Giftstrahl erwidert; jeder Tropfen war in der Lage, Verwüstung anzurichten.

Aber ihr Duell war symbolisch und ging daher über die körperlichen Schläge und die Angriffe der Elemente hinaus. Thor, der die Bollwerke der Ordnung, des Schutzes und des Mutes repräsentierte, stand Jörmungandrs Chaos, Weite und den unausweichlichen Zyklen der Natur gegenüber.

Die vielen Schlachten von Ragnarök

Während Odins und Thors Konfrontationen zu Ragnarök zu den ikonischsten gehören, war das Ereignis von mehreren anderen heftigen Zusammenstößen geprägt, die zum Untergang vieler Götter führten:

- **Freyr gegen Surt:** Freyr, der Gott der Fruchtbarkeit, des Wetters und des Wohlstands, trat gegen Surt an, den höllischen Riesen aus Muspelheim. Freyr kämpfte ohne sein mächtiges Schwert, das er zuvor gegen Liebe eingetauscht hatte, mit all seiner Kraft. Doch dieser Nachteil war zu groß. Nachdem er von Surt besiegt worden war, setzte der Riese die Welt in Flammen und besiegte alle Götter.
- **Tyr gegen Garm:** Tyr, der Gott des Krieges und der Gerechtigkeit, kämpfte gegen Garm, den blutrünstigen Hund, der die Tore von Hel bewachte. Beide Kämpfer kämpften erbittert, und am Ende kamen der Gott und die Bestie durch die Hand des jeweils anderen um.
- **Loki gegen Heimdall:** Loki, der Trickstergott, und Heimdall, der wachsame Wächter von Bifröst, waren seit Langem verfeindet. Wie es das Schicksal wollte, trafen die beiden auf den Schlachtfeldern von Ragnarök aufeinander. Ihr Duell war heftig, eine Manifestation ihrer gegenseitigen Verachtung. Am Schluss beendeten sie das Leben des jeweils anderen und brachten ihre Saga so zu einem tragischen Ende.
- **Frigg und die Wanen:** Zwar variieren die genauen Details ihrer Rollen von Quelle zu Quelle, doch viele andere Götter und Göttinnen, einschließlich Frigg, Odins Frau, und Mitglieder des Wanen-Stammes, nahmen in verschiedenen Funktionen an Ragnarök teil. Viele fanden sich unüberwindbaren Hindernissen gegenüber, und der Ansturm führte zum Tod mehrerer Götter.

Die Wiedergeburt

Im Schatten des Chaos von Ragnarök, in dem das Wesen der Existenz selbst bedroht schien, gab es einen schwachen, aber unsterblichen Hoffnungsschimmer. Obwohl die Reiche vom Kampf gezeichnet und zerschmettert waren, wurden sie nicht der ewigen Dunkelheit überlassen. So wie die Nacht dem Tag weicht, entstand aus den dunkelsten Zeiten ein heller Neuanfang. Dies war die Wiedergeburt in der nordischen Mythologie, bei der aus der Zerstörung des Alten etwas Neues und Lebendiges hervorging.

Nach Ragnarök war die Landschaft kaum wiederzuerkennen. Wo sich einst mächtige Paläste und riesige Wälder ausdehnten, lagen nun Ruinen und Überreste. Doch diese Verwüstung war nicht das Ende. Sie war eine nackte Leinwand, die auf die Pinselstriche der Wiedergeburt wartete. Langsam begann die Erde zu heilen. Grüne Wiesen sprossen, Flüsse fanden ihren Lauf, und der Himmel, der einst blutverschmiert und verdunkelt war, klärte sich auf und enthüllte seine azurblaue Weite.

Was geschah, war das Folgende:

Götter

Obwohl viele Götter in der großen Schlacht fielen, überlebten einige und trugen das Vermächtnis ihrer Vorgänger und die Hoffnung auf eine bessere Zukunft weiter. Zu diesen Hoffnungsträgern gehörten Odins Söhne, Vidar und Vali. Sie hatten die Opfer, die Tapferkeit und die Verluste miterlebt und waren nun mit der Aufgabe des Wiederaufbaus betraut. An ihrer Seite waren Thors Söhne Modi und Magni, die den mächtigen Hammer ihres Vaters, Mjöllnir, geerbt hatten, ein Symbol für Widerstandsfähigkeit und Stärke.

Andere bemerkenswerte Überlebende waren Hödur, der einst durch einen Trick Baldurs Untergang herbeiführte, und Baldur, der aus dem Reich der Hel zurückkehrte. Ihre Wiedervereinigung, voller Vergebung und Erneuerung, war sinnbildlich für den Neuanfang, den die Götter anstrebten.

Lif und Lifthrasir

Aber die Götter waren nicht die einzigen Träger der Zukunft. In der schützenden Umarmung von Yggdrasil war ein Menschenpaar vor der Verwüstung durch Ragnarök bewahrt worden. Lif und Lifthrasir, deren Namen *„Leben"* und *„Vitalität des Lebens"* bedeuten, waren dazu bestimmt, Midgard wieder zu bevölkern. Als sie ihr Refugium verließen, fanden sie eine Welt vor, die sich drastisch verändert hatte, jedoch voller Möglichkeiten war.

Ihre Aufgabe bestand darin, im taufeuchten Morgengras Nahrung zu finden und sich, umgeben von den Echos der Vergangenheit, eine neue Existenz aufzubauen. In ihrer Geschichte zeigten sich die Unverwüstlichkeit und der Lebenswille der Menschheit. Neue Generationen würden aus ihnen hervorgehen und dafür sorgen, dass die Geschichten, Lehren und Vermächtnisse der alten Welt nicht in Vergessenheit geraten.

Die neue Welt

Als die neue Welt Gestalt annahm, war sie nicht einfach nur eine Wiederholung dessen, was vorher gewesen war. Die Geschichten über die Tapferkeit und die Opfer, die während Ragnarök gebracht wurden, entwickelten sich zu Legenden, die erzählt wurden, um zu inspirieren. Die Lehren aus vergangenen Fehlern, Verrat und Missverständnissen brannten sich in die Erinnerung ein und führten zu einer harmonischeren Existenz.

Die Wiedergeburt war nicht nur eine Wiederbevölkerung oder ein Wiederaufbau. Es ging darum, die zyklische Natur der Existenz neu zu interpretieren und zu verstehen – dass es nach jedem Ende einen Anfang gibt und dass das Leben in seinen unzähligen Formen auch nach den schwersten Tragödien einen Weg findet.

In dieser wiedergeborenen Welt machten sich Götter und Menschen gleichermaßen auf zum physischen Wiederaufbau und zu spirituellen Wiederentdeckungsreisen. Sie versuchten, Verbindungen zu knüpfen, zerbrochene Bande zu flicken und ein vielschichtiges Bild zu erschaffen, das reich an neuen Geschichten, Träumen und Hoffnungen war.

Diese Wiedergeburt, die aus der Asche von Ragnarök aufstieg, war ein Zeugnis für den unbezwingbaren Geist des Lebens selbst – seine Fähigkeit, zu überdauern, sich zu entwickeln und auf ewig zu gedeihen.

KAPITEL 7

RITEN, RITUALE UND DAS
TÄGLICHE LEBEN
IM NORDEN

In den eisigen Gefilden des Nordens, wo sich Mythen mit der Realität vermischten, webten die Wikinger ein komplexes Geflecht aus Ritualen, Glauben und Traditionen. Auf den Seiten dieses Kapitels werden Sie tief in das Wesen des nordischen Alltagslebens eintauchen.

Entdecken Sie die Heiligkeit ihrer religiösen Praktiken, in denen Zeremonien wie das Blot und das Sumbel mehr sind als bloße Traditionen, sondern tiefgreifende Ausdrucksformen des Glaubens und der Gemeinschaft. Wagen Sie sich in die geheimnisvollen Gefilde des nordischen Jenseits – *was war nötig, um neben Odin in Walhalla speisen zu können? Oder um sich im kalten Griff von Hel wiederzufinden?* Entschlüsseln Sie die Kriterien für diese Schicksale und tauchen Sie ein in den tiefen Glauben an die Wiedergeburt und die schützenden Familiengeister, die über jeden Wikingerhaushalt wachten.

Erleben Sie auf dieser Reise die Magie der Runen, *uralte Symbole der Macht* und *der Weissagung.* Von den verschlungenen Symbolen des älteren Futhark bis hin zur Kunst des Runenwerfens – Sie werden eine Welt betreten, in der jedes Zeichen, jedes Symbol und jedes Ritual eine Geschichte, einen Zweck und eine Seele hat.

Religiöse Praktiken und Glaubensvorstellungen

Verflochten mit den großen Sagen der Götter war das Wesen ihrer tägli-chen Existenz, das tief von Spiritualität durchdrungen war. Jedes Flüstern des Windes, jedes Rascheln der Blätter und jedes Rauschen der Wellen war ein Dialog mit dem Göttlichen. Treten Sie ein in die Welt von Blot und Sumbel, wo die Grenze zwischen dem Sterblichen und dem Göttlichen verschwimmt, wo Opfergaben und Trinksprüche eine Lebensader sind, die die nordische Kultur mit dem Kosmos verbindet.

Das Blot

Das Blot ist ein bedeutendes Ritual im Asatru-Glauben, das als Methode der Opferung an die Götter dient. Historisch gesehen war dies ein Fest-mahl, bei dem ein Tier geweiht und dann den Göttern geopfert wurde. Die modernen Praktiken haben sich weiterentwickelt und spiegeln den heutigen Lebensstil wider. Anstelle von Tieropfern ist es heute üblich, den Göttern als symbolische Geste Met oder ein anderes alkoholisches Getränk zu opfern.

Rituale, die als *„Opfer"* bezeichnet werden, werden oft falsch wahr-genommen. Manche betrachten sie durch ein Prisma der Negativität und interpretieren die neuheidnischen Bräuche falsch, um diese Prak-tiken herabzusetzen oder zu verspotten. Die Vorstellung, dass Opfer ein transaktionaler Akt sind – vergleichbar mit dem Besänftigen einer Gottheit, um Unheil zu verhindern – ist eine falsch verstandene Vor-stellung. Auch der Irrglaube, dass rituelle Opfer darauf abzielen, die Energie aus der Angst oder dem Schmerz des geopferten Tieres zu nutzen, ist falsch. Das Opfern eines Tieres war eine heilige Methode, um Mahlzeiten zuzubereiten, ähnlich wie die Einladung eines geschätz-ten Gastes zu einem Mahl. Die Gaben dieses Festmahls wurden sym-bolisch mit den Göttern geteilt.

Der Asatru-Glaube vertritt ein einzigartiges Verständnis von der Verbin-dung der Menschen mit den Göttern. Nach dem Glauben der Asatru und den Eddas sind die Menschen nicht nur Anhänger der Götter, sondern geistig und bis zu einem gewissen Grad auch körperlich mit ihnen ver-wandt. Diese Verbindung wird in Geschichten erzählt – wie in derjenigen, in der Gott Rig, von dem man annimmt, dass es sich um Heimdall handelt, die Menschheit während seiner Besuche auf verschiedenen Höfen zeugt. Als Nachkommen der Götter besitzen die Menschen „*Ond*" – die Gabe der Ekstase; eine göttliche Kraft, die sie von anderen Geschöpfen unterscheidet. Diese besondere Verbindung zu den Göttern bedeutet, dass es beim Blot nicht um Besänftigung geht, sondern darum, gemeinsame Freuden zu feiern.

Alte Kulturen schätzten das Teilen und Schenken und verliehen diesen Praktiken eine magische Bedeutung. Anführer unterhielten eine symbiotische Beziehung zu ihren Anhängern; Großzügigkeit wurde mit Loyalität erwidert. Bei den Nordmännern wurde ein lobenswerter Anführer als „*Ringgeber*" bezeichnet, um diese wechselseitige Beziehung zu verdeutlichen. Die Rune mit dem Namen Gebo verkörpert dieses Konzept. Sie wird als zwei sich kreuzende Linien dargestellt und steht für das gegenseitige Geben in Beziehungen.

Ablauf eines Blot

Die Durchführung eines Blot kann in einem einfachen Ausschenken von Met zur Ehrung bestehen, oder dieser Ausschank kann auch in ein aufwendigeres Ritual eingebunden sein. Wir können hier eine Parallele zur katholischen Messe ziehen – es kann ein eigenständiger Akt oder Teil eines bedeutenden Ereignisses sein. Das Blot-Ritual umfasst in erster Linie drei Phasen: die Weihe der Opfergabe, die Verteilung der Opfergabe und schließlich das Trankopfer. Auch wenn die rituellen Einzelheiten komplex sein können und Met, Kelche und zeremonielle Gegenstände involvieren, so ist der Grundgedanke doch die Anrufung, das Teilen und das Darbringen.

Das Sumbel

Während es beim Blot um die tief verwurzelte Praktik des Opferns geht, symbolisiert das Sumbel in der nordischen Kultur die Essenz des Feierns und der Gemeinschaft. Betrachten Sie es als eine Ode an die großen und kleinen Momente des Lebens. Stellen Sie sich warme, vom Feuer erhellte Langhäuser vor, in denen die flackernden Flammen lange Schatten werfen und erwartungsvolle Gesichter erleuchten. Hier versammelten sich

Verwandte und Kameraden und reichten ein sorgfältig gefertigtes Horn herum, das mit Met in goldenen Farbtönen gefüllt war.

Aber beim Sumbel ging es nicht nur ums Trinken. Es war ein kunstvoll abgestimmtes Spiel aus Worten und Emotionen. Die Teilnehmer erhoben sich, einer nach dem anderen, und stießen auf die Götter an, priesen ihre Taten oder legten feierliche Gelübde für die Zukunft ab. Bei jedem Schluck aus dem Horn ging es nicht nur darum, den Durst zu stillen. Es war ein Akt der Ehrfurcht. Mit dem reichhaltigen Met, der ihre Kehlen hinunterfloss, tranken die Menschen nicht nur, sondern nahmen die Essenz ihres Glaubens, ihrer Erinnerungen und ihres kollektiven Geistes in sich auf.

An erster Stelle dieser Trinksprüche stand Odin, der Allvater, dessen Weisheit und Macht legendär waren. Doch während das Horn seine Runden drehte, wurden auch andere Götter, Vorfahren und sogar Geschichten von Heldentaten aus jüngster Zeit beschworen. Durch das Sumbel wurden Verbindungen bekräftigt, Erinnerungen gewürdigt und das komplizierte Netz der nordischen Gesellschaft geknüpft, um sicherzustellen, dass ihre gemeinsame Geschichte und ihre Werte über die Jahrhunderte hinweg Bestand haben würden.

Saisonale Feiern und Feste

Der nordische Kalender war mit Festen verwoben, die den Wechsel der Jahreszeiten markierten. Diese Feste dienten nicht nur der Belustigung, sondern waren auch zutiefst spirituelle Anlässe, um den Göttern für die Ernten zu danken, um Segen für die kommenden Jahreszeiten zu erbitten und den Ahnen zu huldigen. Im Folgenden finden Sie eine Liste der wichtigsten Feste und Ereignisse in den nordischen Traditionen.

Jul

Das wohl berühmteste der nordischen Feste, das Julfest, kündigte die Wintersonnenwende an. Während die Tage kürzer und die Nächte länger wurden, war dieses Fest ein Leuchtfeuer der Hoffnung, das die erwartete Rückkehr der Sonne verkündete. Lagerfeuer schienen in den langen Nächten und symbolisierten das beständige Licht der Sonne inmitten der sich ausbreitenden Dunkelheit. Die Häuser wurden mit immergrünen

Zweigen geschmückt, eine Anspielung auf die Beständigkeit des Lebens selbst im härtesten Winter. Es gab reichliche Festmähler, bei denen die Familien zusammenkamen, um gemeinsam zu essen, Lieder zu singen und Geschenke auszutauschen. Aber Jul war nicht nur ein bloßes Fest. Gemeinsam hofften und wünschten sich die Menschen, dass die Sonne wieder die Oberhand gewinnen würde.

Ostara

Zur Zeit der Frühlings-Tagundnachtgleiche stattfindend, war Ostara eine Hommage an die Verjüngung, die der Frühling mit sich bringt. Benannt nach Eostre, einer Göttin, die mit der Morgendämmerung und mit Fruchtbarkeit in Verbindung gebracht wird, ehrte dieses Fest den Neubeginn. Als der Schnee taute und die Knospen der Pflanzenwelt zum Vorschein kamen, veranstalteten die nordischen Völker Feste und Prozessionen, oft mit Fruchtbarkeitssymbolen wie Eiern und Hasen, in der Hoffnung auf ein fruchtbares neues Jahr.

Mittsommer

Mittsommer war in einigen nordischen Gegenden die Zeit, in der die Sonne kaum unterging, was sie zu einer besonderen Zeit voller Tageslicht machte. Die Menschen glaubten, dass die Grenzen zwischen den verschiedenen Welten zu dieser Zeit sehr dünn waren. Lagerfeuer, die angezündet wurden, um böse Geister fernzuhalten und auf eine gute Ernte zu hoffen, waren ein wichtiger Teil der Feierlichkeiten. Die Menschen tanzten, aßen und vergnügten sich unter der hellen Mitternachtssonne, was Mittsommer zu einem lebhaften Fest machte.

Der nordische Glaube an die Seele

In der nordischen Kosmologie war die Seele nicht einfach ein einzelnes Wesen, sondern eine komplexe Kombination von Aspekten, von denen jeder eine bestimmte Funktion bei der Definition eines Individuums hatte. Diese Idee bietet eine nuancierte Perspektive auf das Konzept der Identität bei den nordischen Kulturen und deren Beziehung zum Universum, den Göttern und der eigenen Abstammung.

- **Hamr:** Dies war die äußere Schicht, die körperliche Essenz, die die physische Erscheinung eines Menschen definierte. Es ist faszinierend, dass die nordischen Völker im Gegensatz zu der statischen Vorstellung des Aussehens in vielen anderen Kulturen glaubten, dass das Hamr wandelbar sei. Legenden von Kriegern, die sich in Tiere verwandeln, oder Erzählungen von Toten, die blasser werden, weisen auf diesen Glauben hin. Die Wandelbarkeit des Hamr unterstreicht auch die nordische Sichtweise auf die Vergänglichkeit des Lebens.

- **Hugr:** Im Herzen eines jeden nordischen Individuums befand sich das Hugr, der ihm innewohnende Charakter oder seine Essenz. Es handelte sich dabei nicht einfach um eine flüchtige Stimmung oder Laune, sondern um den eigentlichen Kern des Wesens. Nach dem Tod, wenn der Körper verweste, lebte das Hugr weiter, reiste ins Unbekannte und verschmolz möglicherweise mit dem Geist eines noch nicht geborenen Verwandten.

- **Fylgja:** Jeder nordische Mensch hatte ein spirituelles Gegenstück, ein totemistisches Wesen, das mit seinem Charakter in Einklang stand. Dieser vertraute Geist war nicht nur ein Beschützer oder Führer, sondern ein Spiegelbild des eigenen Selbst. Es konnte ein grimmiger Bär, eine weise Eule oder ein schlauer Fuchs sein, der verschiedene Aspekte der Persönlichkeit verkörperte. Der Tod eines Menschen bedeutete oft auch das Ende seiner Fylgja – zwei Wesenheiten, die in ihrer Existenz miteinander verwoben waren.

- **Hamingja:** Hamingja ist ein schwer fassbares und faszinierendes Konzept, in dem die Ideen von Glück, Schicksal und dem Geist der Vorfahren miteinander verwoben sind. Das Hamingja war mehr als nur individueller Erfolg, es war der Höhepunkt des Familienschicksals und der Familiengeschichte, wurde über Generationen weitergegeben, prägte die Handlungen und den Charakter des Einzelnen und wurde selbst auch von diesen Aspekten geprägt. Das fortwährende Vermächtnis des eigenen Hamingja betonte die tiefe Verbundenheit zwischen dem Einzelnen und seiner Abstammung.

Die Sagen bieten bruchstückhafte Einblicke in das spirituelle Leben der nordischen Völker mit ihrem komplexen Geflecht aus Leben, Tod und dem Zusammenspiel dieser Seelenelemente. Aber wie bei einem Mosaik, in dem Steine fehlen, bleibt das Gesamtbild schwer fassbar. Legenden von heldenhaften Figuren wie Baldur, der sich trotz seines göttlichen Standes in den düsteren Gefilden von Hel wiederfindet, stellen vereinfachende Interpretationen des nordischen Jenseits infrage.

Dieses komplizierte Glaubenssystem zu dokumentieren, erweist sich angesichts der spärlichen frühen Quellen und späteren christlichen Interpretationen als schwierig. Ursprünglich mündlich von Skalden an ihre Lehrlinge weitergegeben, veränderte sich der nordische Glaube mit der Ankunft des Christentums und seinem wichtigsten Instrument, dem geschriebenen Wort. Schriftliche Aufzeichnungen führten ein Element der Beständigkeit ein, machten aber die dynamischen mündlichen Überlieferungen anfällig für Änderungen durch Autoren mit anderen Weltanschauungen.

Der Tod und das Leben nach dem Tod im nordischen Glauben

In den zerklüfteten Landschaften des Nordens, wo harte Winter auf kurze, strahlende Sommer treffen, entwickelten die Menschen ein differenziertes Verständnis von Leben und Tod. Jedes Leben war ein Wandteppich aus Geschichten – Geschichten von Tapferkeit, Liebe, Verrat und Verwandtschaft. *Aber was passiert, wenn der letzte Faden gewebt ist, wenn das Herz zum letzten Mal schlägt?* Für die Menschen des Nordens war der Tod kein Ende, sondern ein Übergang zu einer anderen Ebene der Existenz.

Walhalla

Walhalla mit seinen hoch aufragenden Toren und prächtigen Hallen bot nicht nur ein Leben nach dem Tod – es war das Bekenntnis zu einem Leben, das mit unvergleichlichem Mut gelebt wurde. Man sagte, seine Mauern seien aus den Schilden der Krieger erbaut und sein Dach, das mit goldenen Schilden gedeckt war, schimmerte unter den wachsamen Augen der Götter. Hier fanden die Krieger Ruhm und eine Bestimmung und bereiteten sich auf eine Schlacht vor, die über das Schicksal der Reiche entscheiden würde.

In der Halle erzählten die Krieger mit Begeisterung von ihrem Mut und ihren Abenteuern. Sie erzählten abwechselnd Erlebnisse aus ihrem Leben, während im Hintergrund Lieder von berühmten Sängern erklangen. Jede Geschichte, jede Narbe und jeder Ausruf ehrte den unbeugsamen Willen des nordischen Volkes.

Ein Tag in Walhalla

Stellen Sie sich vor, Sie würden jeden Morgen mit dem Nervenkitzel einer Schlacht aufwachen, mit anderen Kriegern kämpfen, Ihren Mut testen und Ihre Fähigkeiten verbessern. Aber anders als in der Welt der Sterblichen war eine Niederlage in Walhalla nicht das Ende. Bei Sonnenuntergang heilte jede Wunde, jeder gefallene Krieger erlebte eine Wiederauferstehung, und die riesige Halle verwandelte sich von einem Schlachtfeld in ein großes Festmahl.

Hier, inmitten langer Tafeln mit feinstem Fleisch und Met, feierten die Einherjar. Und mit Stolz wachte Odin über sie, für den diese tapferen Seelen auserwählte Beschützer waren, die dazu bestimmt waren, während Ragnarök, der Götterdämmerung, Seite an Seite mit ihm zu stehen.

Kriterien für die Aufnahme in Walhalla

Der Weg nach Walhalla war ein Weg der Ehre und Tapferkeit, und nicht alle waren dazu bestimmt, ihn zu gehen. Während im Reich der Sterblichen die Schlachten tobten, kamen die Walküren auf ihren majestätischen Rössern vom Himmel herab. Diese Jungfrauen, die in Odins Auftrag handelten, hatten eine einzigartige Aufgabe: diejenigen ausfindig zu machen und auszuwählen, die sich durch außergewöhnliche Tapferkeit auszeichneten.

Es ging bei dieser Auswahl nicht nur um die Kampffertigkeit, sondern auch um das Herz, mit dem man kämpfte, den unerschütterlichen Geist sowie die Weigerung, aufzugeben, selbst wenn man mit einer überwältigenden Übermacht konfrontiert war. Die von den Walküren Auserwählten waren nicht einfach nur Krieger – sie waren Legenden, und ihr Vermächtnis würde in Walhalla nie getrübt werden.

Hel

Unter den wuchernden Ästen und Wurzeln von Yggdrasil liegt das rätselhafte Reich von Hel. Benannt nach seiner Herrscherin Hel, der Tochter des Trickstergottes Loki, wird dieses Reich aufgrund seiner modernen Assoziationen mit dem Konzept der „Hölle" oft missverstanden. Um sein Wesen jedoch wirklich verstehen zu können, muss man über die heutigen Missverständnisse hinwegsehen und sich mit dem altnordischen Verständnis vom Tod und vom Leben nach dem Tod auseinandersetzen.

Für die Menschen des Nordens war Hel kein Ort der Qualen, des Feuers oder des ewigen Leidens, wie er in späteren religiösen Texten oft dargestellt wird. Stattdessen war es eine grenzenlose Weite von Ruhe und Einsamkeit, ein Ort, an dem die Seelen nach den Strapazen des Lebens Ruhe finden konnten. Die Landschaft von Hel wurde oft als düster dargestellt, mit weiten Ebenen, stillen Gewässern und dichten Nebeln, was seine Natur als ein Reich der Introspektion und des Friedens widerspiegelt.

Hel, die Herrscherin dieses Reiches, war weder böswillig noch rachsüchtig. Mit ihrem halb lebendigen und halb toten Körper verkörperte sie die Dualität von Existenz und Nichtexistenz. Als Hüterin der Verstorbenen sorgte sie dafür, dass die Seelen in ihrem Reich fair behandelt und respektiert wurden, und gab ihnen die Ruhe, nach der sie suchten.

Kriterien für die Aufnahme in Hel

Die Kriterien für das Eintreten in Hel waren einfach und doch tiefgründig. Während die Walküren die tapferen Krieger, die im Kampf starben, für die großen Hallen von Walhalla auswählten, war Hel das Ziel für die meisten Seelen. Diejenigen, die aufgrund von Alter, Krankheit oder anderen natürlichen Ursachen starben, wurden in dieses Reich geleitet.

Nach Hel geschickt zu werden, wurde nicht als minderes Schicksal angesehen. Die nordischen Kulturen erkannten den Wert und die Würde an, die jedes Leben besaß, unabhängig von seinem Ende. Während die tapferen

Taten der Krieger mit großer Inbrunst gefeiert wurden, wurde die stille Beharrlichkeit derjenigen, die im Rhythmus des täglichen Lebens lebten – Bauern, Handwerker, Mütter und Ältere – ebenso verehrt. Ihre Reise nach Hel war ein Zeugnis für ein Leben voller Widerstandsfähigkeit und Anstand, das ewigen Frieden verdient.

In der sanften Umarmung des Nebels und der Stille konnten die Seelen lang vermisste Angehörige wiedersehen, in Erinnerungen an vergangene Tage schwelgen oder die ruhige Stille des Reiches genießen. Hel war ein Ort der Besinnung, an dem die Seelen über ihre sterbliche Reise nachdenken und Weisheit aus Freude und Leid ziehen konnten. Im Laufe der Zeit glaubten viele, dass diese Seelen die Lebenden leiten und beschützen würden. Ihre flüsternden Stimmen trugen die gesammelte Weisheit der Zeitalter in sich und dienten als geisterhafte Wegweiser für kommende Generationen.

Runen

Runen sind weit mehr als nur hübsche Einritzungen oder Symbole auf Steinen. Diese uralten Symbole, die von den Germanen (einschließlich der Wikinger) verwendet wurden, haben Gelehrte, spirituell Suchende und Historiker seit Jahrhunderten fasziniert. Heute wenden sich viele Menschen den Runen zu, um mit ihnen ihre Spiritualität zu erforschen, zu meditieren oder zu weissagen. Viele versuchen, die alte Weisheit dieser Symbole zu verstehen und sich so mit den Energien der altnordischen Welt zu verbinden. Tauchen Sie tief in die Welt der Runen ein und entdecken Sie ihre Ursprünge, Bedeutungen und die Magie, die in ihnen liegt.

Ihre Ursprünge

Stellen Sie sich vor, Sie stehen an der Küste des alten Skandinaviens, der kalte Wind peitscht um Sie herum und die nordischen Langschiffe tauchen am Horizont auf. Unter diesen robusten Menschen entstanden die Runen als Buchstaben, Symbole und mächtige magische Werkzeuge.

Die frühesten Runeninschriften stammen aus der Zeit um 150 nach Christus. Runen wurden von verschiedenen germanischen Stämmen und später von den nordischen Kulturen verwendet. Sie waren nicht nur ein Alphabet, sondern hatten auch spirituelle und geheimnisvolle Bedeutungen.

Das Runenalphabet

Runen waren nicht einfach nur Kritzeleien. Sie waren auf eine bestimmte Art und Weise strukturiert und in einem Futhark gruppiert – ähnlich wie das moderne „Alphabet". Der Begriff „*Futhark*" stammt von den ersten sechs Buchstaben der Runenfolge: *F, U, P, A, R* und *K*.

Das ältere Futhark, das älteste und bekannteste der Runenalphabete, besteht aus 24 Zeichen. Benannt nach den ersten sechs Runen *(Fehu, Uruz, Thurisaz, Ansuz, Raidho* und *Kenaz)*, war dieses uralte System die Leinwand, auf die ein Großteil der nordischen Überlieferung gemalt wurde. Diese Runen stellten verschriftlichte Laute dar und waren von tieferer esoterischer Bedeutung. Jede Rune wurde mit Göttern, Mythen, Naturelementen oder philosophischen Konzepten in Verbindung gebracht, wodurch die schriftliche Kommunikation zu einem spirituellen Ausdruck wurde. Im Laufe der Zeit entstanden Varianten wie das jüngere Futhark mit weniger Zeichen und regionalen Unterschieden.

Bedeutungen und Magie

In den schwach beleuchteten Hallen des Wikingerzeitalters konnte ein Seher mit Runen die Zukunft vorhersagen und ein Krieger konnte sie auf seine Waffe ritzen, um Glück und Kraft zu erlangen. Magieanwender glaubten, dass sie die Kraft der Magie kanalisieren konnten, indem sie die richtige Rune ritzten. Runen wurden zur Weissagung, zum Schutz, zum Anziehen von Liebe, zur Sicherung des Sieges in der Schlacht und für vieles mehr verwendet.

Jede Rune ist nicht nur ein Buchstabe, sondern ein Symbol, das mit Bedeutung und Energie durchdrungen ist. Im Folgenden finden Sie einen kurzen Überblick über die mit den einzelnen Runen verbundenen Assoziationen im Futhark:

Fehu (ᛖ)

- **Götter oder Mythologie:** Wird mit Freyja und Freyr assoziiert, Götter der Fruchtbarkeit und des Wohlstands.
- **Natürliche Elemente:** Rinder, die in der Antike ein Zeichen von Reichtum waren.
- **Symbolkraft:** Diese Rune steht für Besitztümer, Überfluss und Erfolg. Sie wird mit Reichtum assoziiert, nicht nur in Form von Geld, sondern auch in Form von Erfolg und Wohlstand in verschiedenen Bereichen des Lebens.

Uruz (ᚢ)

- **Götter oder Mythologie:** Steht oft in Verbindung mit den Asen, der Gruppe der Kriegergötter, und mit Audhumla, der Urkuh, durch die die ersten Wesen geschaffen wurden.
- **Natürliche Elemente:** Auerochsen, eine wilde Rinderart, die für ihre Kraft und Vitalität bekannt ist.
- **Symbolkraft:** Uruz verkörpert unbändige Kraft, Vitalität und ungezähmtes Potenzial. Es geht bei dieser Rune um die ursprüngliche Kraft, die Wachstum, Heilung und persönliche Entwicklung antreibt.

Thurisaz (ᚦ)

- **Götter oder Mythologie:** Diese Rune ist eng mit Thor, dem Gott des Donners und des Blitzes, und den Riesen verbunden, gegen die Thor oft kämpfte.
- **Natürliche Elemente:** Dornen oder die Keule eines Riesen, die sowohl schaden, als auch schützen kann.
- **Symbolkraft:** Thurisaz steht für eine duale Kraft, die sowohl beschützend und abwehrend als auch schädlich sein kann, wenn man ihr nicht mit Respekt begegnet. Es geht bei dieser Rune um Grenzen, sowohl um das Setzen als auch um das Respektieren von Grenzen.

Ansuz (ᚠ)

- **Götter oder Mythologie:** Ansuz ist eng mit Odin verbunden, dem Allvater und Gott der Weisheit, der Poesie und des Krieges.
- **Natürliche Elemente:** Der Atem, wie der Atem des Lebens oder das gesprochene Wort.
- **Symbolkraft:** Diese Rune steht für Kommunikation, Weisheit und Botschaften. Sie ist verbunden mit den Konzepten der Beredsamkeit, des Rates und der Führung von oft göttlicher Natur.

Raidho (ᚱ)

- **Götter oder Mythologie:** Nicht mit einem bestimmten Gott verbunden, aber Raidho steht für die Idee der Reisen, die viele Götter und Helden unternommen haben.
- **Natürliche Elemente:** Das Rad oder der Wagen; Gegenstände, die Bewegung und Zyklen symbolisieren.
- **Symbolkraft:** Bei Raidho geht es ums Reisen, sowohl physisch als auch spirituell. Diese Rune verkörpert den Rhythmus des Lebens, der Bewegung, des Reisens und der Lektionen, die man aus Erfahrungen lernt.

Kenaz (ᚲ)

- **Götter oder Mythologie:** Wird nicht mit einem bestimmten Gott in Verbindung gebracht, sondern oft mit dem Wissen, das die Götter besitzen.
- **Natürliche Elemente:** Die Fackel, die für das Licht steht, das die Dunkelheit vertreibt.
- **Symbolkraft:** Kenaz verkörpert Erleuchtung, Wissen und Lernen. Es geht bei dieser Rune um das Feuer der Schöpfung und der Inspiration; das Licht, das das Unbekannte erhellt.

Eine Anleitung zum Runenwerfen

Mit Runenwerfen ist gemeint, dass man ein Set dieser Symbole wirft oder daraus einige zieht, um Antworten auf Fragen zu erhalten oder den Weg zu erkennen, der vor einem liegt. Jede geworfene oder gezogene Rune wird auf der Grundlage ihrer Bedeutung und ihrer Position im Verhältnis zu anderen Runen interpretiert. Diese Praxis war keine willkürliche, sondern eine intime Konversation mit dem Universum auf der Suche nach Führung und Weisheit. Einige Praktizierende verwendeten beim Werfen oder Ziehen der Runen bestimmte Legesysteme oder Muster, ähnlich wie bei Tarot-Lesungen, um Einblicke in verschiedene Aspekte des Lebens zu erhalten. Ganz gleich, ob Sie Wissen über Liebe, Krieg oder das Schicksal ersuchten, die Runen waren die Stimme der Götter und Geister und boten Rat und Weitsicht. Wenn Sie daran interessiert sind, finden Sie hier einen Leitfaden zum Runenwerfen.

1. **Bereiten Sie Ihren Geist und Ihren Raum vor**
   Bei jeder spirituellen Unternehmung sollten Sie mit der richtigen Einstellung an die Sache herangehen. Das ist beim Runenwerfen nicht anders.
   - **Lassen Sie Ihre Gedanken zur Ruhe kommen:** Nehmen Sie sich ein paar Augenblicke Zeit zum Meditieren. Beruhigen Sie Ihre Gedanken und konzentrieren Sie sich auf Ihre Absicht.
   - **Bereiten Sie den Raum vor:** Wählen Sie einen ruhigen Raum, in dem Sie nicht abgelenkt werden. Einige Praktizierende zünden gerne Kerzen oder Räucherstäbchen an, um den Raum zu reinigen, oder spielen leise Hintergrundmusik, um die richtige Atmosphäre zu schaffen.

2. **Formulieren Sie Ihre Frage**
   Jedes Gespräch braucht ein Thema, und beim Runenwerfen dient Ihre Frage diesem Zweck.
   - **Seien Sie klar und präzise:** Je spezifischer Ihre Frage ist, desto klarer sind die Hinweise, die Sie erhalten können.

- ○ **Vermeiden Sie Ja- oder Nein-Fragen:** Anstatt zu fragen: *„Werde ich die Stelle bekommen?"*, fragen Sie: *„Was sollte ich bei der Bewerbung auf dieses Stellenangebot beachten?"*

3. **Wählen Sie Ihr Runenset**
   Das Handwerkszeug, Ihr Runenset, kann aus verschiedenen Materialien hergestellt werden, die jeweils ihre eigene Energie innehaben.
   - ○ **Materialien:** Runen können aus Holz, Stein, Edelstein oder Knochen hergestellt werden. Wählen Sie ein Set, das Sie anspricht.
   - ○ **Persönliche Verbindung:** Manche glauben, dass ein geschenktes oder selbst hergestelltes Set kraftvoller sein kann. Spüren Sie die Energie der Runen und entwickeln Sie eine Bindung zu ihnen.

4. **Die Methode des Runenwerfens**
   Wie Sie die Runen werfen, kann die Botschaft beeinflussen, die sie vermitteln.
   - ○ **Zufällige Ziehung:** Konzentrieren Sie sich auf Ihre Frage und ziehen Sie eine oder mehrere Runen aus einem Beutel.
   - ○ **Runen auf eine Oberfläche werfen:** Werfen Sie die Runen aus der Hand auf ein Tuch oder einen Tisch. Die Runen, die mit der Vorderseite nach oben liegen, werden dann unter Berücksichtigung ihrer Position zueinander und der gestellten Frage interpretiert.

5. **Interpretation**
   Jetzt entfaltet sich die Magie. Die Runen haben gesprochen, aber sie zu verstehen, erfordert Intuition und Wissen.
   - ○ **Lernen Sie die Bedeutung jeder Rune:** Machen Sie sich mit der Symbolik der einzelnen Runen vertraut. Dies ist die Grundlage der Interpretation.

- ○ **Der Kontext ist wichtig:** Wie sich die Runen in ihrer Position zueinander verhalten, kann ihre Bedeutung verändern oder vertiefen.
- ○ **Vertrauen Sie auf Ihre Intuition:** Manchmal können die Runen ein Gefühl oder einen Gedanken hervorrufen, der nichts mit ihrer traditionellen Bedeutung zu tun hat. Darin macht sich das Universum bemerkbar, das in seiner Sprache zu Ihnen spricht; hören Sie ihm zu.

6. **Abschluss der Sitzung**

So wie Sie den Raum zuvor vorbereitet haben, ist es auch wichtig, die Sitzung abzuschließen, die Energien zu besiegeln und Dankbarkeit zu zeigen.

- ○ **Danken Sie den Runen:** Eine einfache Geste der Dankbarkeit gegenüber den Runen und dem Universum kann Ihre Sitzung abschließen. Dies zeigt Respekt für die Weisheit, die die Runen ihnen vermittelt haben.
- ○ **Reinigen Sie Ihr Set:** Mit der Zeit können Ihre Runen verschiedene Energien aufnehmen. Wenn Sie sie regelmäßig reinigen (mit Mondlicht, durch Räucherungen oder andere Methoden), stellen Sie sicher, dass Ihre Runen frei von äußeren Einflüssen bleiben und Ihnen so Orientierung bieten können.

KAPITEL 8

DIE NORDISCHE MYTHOLOGIE IM HISTORISCHEN KONTEXT

Die stürmischen Meere des Wikingerzeitalters waren voller mächtiger Krieger, kunstvoller Langschiffe und Geschichten von Göttern und Ungeheuern, die lange nachhallten. An den geschäftigen Docks von Skandinavien wimmelte es von Händlern, die mit weit gereisten Waren handelten, und von Seeleuten, die Geschichten über unbekannte Länder erzählten. Viele Menschen kennen zwar Thors legendären Hammer oder Odins weisen Raben, aber die nordische Mythologie ist viel umfangreicher und dabei zugleich vernetzt. In diesem Kapitel begeben Sie sich auf Reisen in den Norden, die bis in die entlegensten Winkel des mittelalterlichen Europas und darüber hinaus führen. Als die nordischen Entdecker sich mit verschiedenen Kulturen verbunden hatten, begannen sich ihre Geschichten und Traditionen zu entwickeln. Die donnernden Götter des Nordens trafen auf das feierliche Kreuz des Christentums, und die Glaubensrichtungen vermischten sich. Die Koexistenz dieser Glaubensrichtungen, die Veränderungen, die sie durchliefen, und ihre letztendliche Annäherung aneinander bieten uns Geschichten voller Wunder und Faszination.

Die Wikingerzeit

Das Zeitalter der Wikinger vom späten 8. bis zum frühen 11. Jahrhundert markierte eine entscheidende Periode in der europäischen Geschichte. Ausgehend von den skandinavischen Regionen – dem heutigen Dänemark, Norwegen und Schweden –, zogen diese seefahrenden Nordmänner weit umher. *Aber wer waren die Wikinger eigentlich?* Entgegen der landläufigen Vorstellung von gehörnten Helmen und unerbittlichen Plünderungen waren die Wikinger Händler, Entdecker und Siedler. Ihre Reisen begannen nicht aus reinem Fernweh, sondern vor allem aufgrund von Überbevölkerung und der Suche nach neuen Partnern und Gebieten für den Handel.

Entdeckungsfahrten

Die robusten Langschiffe der Wikinger mit ihren ikonischen Drachenköpfen ermöglichten es ihnen, große Entfernungen zurückzulegen. Sie waren sowohl Kriegswerkzeuge als auch Symbole der Entdeckung. Diese kunstvoll aus Holz und Eisen gefertigten Schiffe waren sowohl für das offene Meer als auch für seichte Flüsse konzipiert. Dadurch konnten die Wikinger weiter und vielseitiger erforschen als andere. Sie drangen bis nach Russland im Osten vor, wo sie Handelsrouten entlang der Wolga bildeten, und im Süden bis zum Mittelmeer, wo sie sich mit den Byzantinern vermischten. Ihre Reisen führten sie sogar bis nach Neufundland und machten sie zu den ersten Europäern, die einen Fuß auf den nordamerikanischen Kontinent setzten – fast 500 Jahre vor Kolumbus!

Der Einfluss von und Interaktionen mit anderen Kulturen

Die Geschichten der nordischen Mythologie zeichnen nicht nur ein Bild von Göttern und Riesen, sie spiegeln auch den Geist der Wikinger wider; Abenteurer, die auszogen, um zu erforschen, Handel zu treiben und manchmal auch zu plündern. Ihre Unternehmungen führten sie zu fernen Ufern, verwoben ihr Schicksal mit dem zahlreicher Kulturen und hinterließen unauslöschliche Spuren in der Weltgeschichte.

Die Britischen Inseln

Im späten 8. Jahrhundert begannen nordische Seefahrer mit ihren Raubzügen auf den Britischen Inseln; eine Ära, die von Momenten wie der Plünderung des Klosters Lindisfarne im Jahr 793 n. Chr. geprägt war. Im Laufe der Jahre änderte sich die Dynamik. Die Wikinger hatten mit aggressiven Raubzügen begonnen, gingen aber schließlich dazu über, stattdessen

Siedlungen zu gründen. In Regionen wie dem heutigen York, das von den Nordmännern Jorvik genannt wurde, verbanden sich ihre Erzählungen über Odin, Thor und Yggdrasil mit denen keltischer und angelsächsischer Folklore.

Russland und die Osterweiterung

Auf ihrem Weg ins heutige Russland und die heutige Ukraine bauten die nordischen Händler, die gemeinhin als Waräger bezeichnet werden, entlang der Wolga robuste Handelsnetze auf. Auf diesen Handelsrouten entstanden bald Siedlungen und eine tiefgreifende Integration in die slawische Bevölkerung ging vonstatten. Als sich die Menschen des Nordens an die slawischen Gemeinschaften assimilierten, kam es zu einem offensichtlichen interkulturellen Austausch.

Der mediterrane und byzantinische Kontakt

Einige nordische Abenteurer reisten in den Süden und erreichten die pulsierende Stadt Konstantinopel, die heute als Istanbul bekannt ist. Der Ruf dieser Abenteurer beschränkte sich nicht nur auf den Handel; ihre Kampffähigkeiten waren so berühmt, dass sie zur warägischen Garde wurden, die die Aufgabe hatte, die byzantinischen Kaiser zu schützen.

Der Nordatlantik und die Erkundung von Island, Grönland und Vinland

Der Entdeckergeist der Wikinger führte Seefahrer wie Erik den Roten und seinen Nachkommen Leif Eriksson an die Küsten Islands und Grönlands. Diese neuen Kolonien entwickelten sich zu wichtigen Zentren der nordischen Kultur und der nordischen Mythen. Auf ihrer Reise nach Westen entdeckten die Seefahrer Teile Nordamerikas und nannten sie Vinland. Auch wenn diese Siedlungen nicht von langer Dauer waren, brachten sie Elemente der nordischen Mythologie zu den dort einheimischen Stämmen und legten damit frühe Wurzeln für kulturübergreifende Interaktionen.

Die Normannen

Die Reise der Wikinger berührte auch die Küsten des heutigen Frankreichs. Ein nordischer Anführer namens Rollo sicherte sich Gebiete, die sich zu dem entwickelten, was viele als Normandie kennen. Damit tauchten die Menschen des Nordens tiefer in die breitere politische und kulturelle Landschaft Europas ein.

Christianisierung

Die Geschichte der Einführung des Christentums in die nordische Gesellschaft zeigt eine Vermischung von Traditionen, eine Verschmelzung von alten und neuen Glaubensvorstellungen und einen bedeutenden kulturellen Wandel. Es war kein einfacher Austauschprozess, sondern ein langer Weg der Anpassung, des Kompromisses und der Verflechtung der Kulturen. Zwei Aspekte sind für den Übergang vom Heidentum zum Christentum von zentraler Bedeutung: der *Synkretismus* und *Bekehrungsstrategien.*

Synkretismus

Wenn zwei Kulturen in Berührung miteinander kommen, prallen sie nicht immer aufeinander, sondern verflechten sich oft auch. Das war auch während der Christianisierung der nordischen Länder der Fall. Es handelte sich hierbei nicht um eine tektonische Verschiebung, bei der ein Glaubenssystem das andere verdrängte, sondern um eine Verschmelzung und Verflechtung von Geschichten, Symbolen und Praktiken. Diese Verflechtung verkörpert der Synkretismus, bei dem verschiedene religiöse oder kulturelle Traditionen eine gemeinsame Basis finden und miteinander verschmelzen.

Als die Nordmänner das Christentum annahmen, warfen sie ihre Identität nicht über Bord. Stattdessen verwoben sie diese mit der neuen Religion, die sie annahmen. Es handelte sich bei diesem Vorgehen nicht um einen Ersatz, sondern um eine Neuinterpretation. Durch den Synkretismus sorgten die Menschen des Nordens dafür, dass ihr Glaube sich zwar weiterentwickelte, sie sich ihrer Wurzeln aber stets bewusst blieben. Dies bewirkte, dass sie inmitten des Wandels nicht an Standhaftigkeit verloren. Im Folgenden finden Sie Beispiele dafür, wie sie dies erreichten.

Euhemerisierung der nordischen Mythen

Von Euhemerisierung spricht man, wenn reale historische Ereignisse in Mythen verwandelt oder wenn Götter aus alten Geschichten als ursprünglich reale historische Personen angesehen werden, deren göttliche Eigenschaften später erdacht wurden. Als sich das Christentum in Skandinavien verbreitete, wurden viele nordische Mythen euhemerisiert.

Eines der besten Beispiele ist Snorri Sturlusons *„Prosa-Edda"*. Snorris Ziel mag es gewesen sein, die alten Geschichten zu bewahren, aber in seiner Darstellung wurden die nordischen Götter oft als historische Helden und nicht als Gottheiten interpretiert. Odin zum Beispiel wurde nicht als Gott dargestellt, sondern als menschlicher Stammesfürst, der im Laufe der Zeit aufgrund seiner bemerkenswerten Taten einen göttlichen Status erlangte. Dadurch, dass solche Figuren in einen greifbaren historischen Kontext gestellt wurden, entsprachen diese Geschichten eher den christlichen Erzählungen, in denen göttliche Ereignisse oft eine historische Grundlage hatten.

Parallelen und Analogien

Es gab auffallende Ähnlichkeiten zwischen bestimmten nordischen und christlichen Geschichten, die vielen den Übergang erleichterten. Denken Sie an die Geschichte von Odin, der sich neun Nächte lang an Yggdrasil erhängte, um Wissen zu erlangen. Dieser Akt der Selbstaufopferung und des Leidens hatte Ähnlichkeiten mit der Kreuzigung Christi. Für die Menschen des Nordens konnten die beiden Geschichten als parallele Erzählungen von der Aufopferung für das größere Wohl oder die Erleuchtung dienen.

Ein weiteres Beispiel ist die Erzählung von Ragnarök, in der die Welt eine große Zerstörung erfährt, gefolgt von einer Wiedergeburt. Diese Erzählung weist Parallelen zu den christlichen Vorstellungen von der Apokalypse und dem anschließenden Entstehen eines neuen Paradieses auf.

Künstlerische Fusion in der Architektur

Neben den Mythen und Geschichten war der Synkretismus auch in der Kunst und Architektur deutlich spürbar. Kirchen, die in dieser Übergangsphase gebaut wurden, zeugen von dieser Fusion. Die norwegischen Kirchen sind ein gutes Beispiel dafür. Obwohl sie hauptsächlich für den christlichen Gottesdienst gebaut wurden, enthielten sie Designs, die an Wikingerschiffe und klassische nordische Kunstwerke erinnern, wie detaillierte Holzarbeiten, Giebel mit Drachenköpfen und dekorative Türöffnungen. Es scheint, als würde sich in ihrer Konstruktion der nordische Geist mit christlichen Symbolen vermischt haben.

Bekehrungsstrategien

Da die christlichen Missionare die tiefe kulturelle und spirituelle Bedeutung des nordischen Heidentums kannten, waren sie dabei, dem nordischen Volk das Christentum näherzubringen, sehr vorsichtig. Sie erkannten, dass gewaltsame Bekehrungsversuche zu genereller Ablehnung oder Widerstand gegen das Christentum führen könnten. Stattdessen entschieden sie sich für subtilere, integrative Strategien, um die christlichen Lehren mit den etablierten nordischen Glaubensvorstellungen und Bräuchen zu verbinden.

Die christlichen Missionare, die die heidnischen Menschen des Nordens bekehren wollten, wählten einen vielschichtigen Ansatz, um das Christentum einzuführen und zu verbreiten. Sie erkannten die tief verwurzelten Glaubensvorstellungen und Traditionen der nordischen Völker und passten ihre Strategien an, um das Vertraute mit dem Neuen zu verbinden. Im Folgenden finden Sie einen kurzen Überblick über einige dieser Bekehrungsstrategien:

Integration von Feiertagen

Eine dieser Strategien bestand darin, die christlichen Feiertage in dieselben Zeiträume zu legen, in denen die heidnischen Feste stattfanden. Jul, ein nordisches heidnisches Fest, wurde etwa zur gleichen Zeit wie Weihnachten gefeiert. Indem sie die christlichen Feste mit den traditionellen

116

nordischen Festen zusammenlegten, konnten die Missionare für den christlichen Glauben werben und es den Menschen ermöglichen, zu einer vertrauten Zeit zu feiern.

Übernahme von Symbolen

Ein weiterer wichtiger Kompromiss war die Einführung christlicher Symbole neben den heidnischen. Das Kreuz, ein Symbol des Christentums, wurde oft zusammen mit Thors Hammer, Mjöllnir, getragen, um das gleichzeitige Achten beider Glaubensrichtungen zu zeigen.

Das Kreuz ist eines der bekanntesten Symbole weltweit und steht für den christlichen Glauben und die Kreuzigung von Jesus Christus. Für die frühen Christen in den nordischen Gebieten war das Tragen des Kreuzes ein Zeichen des Glaubens und ein Schutzzauber, ähnlich wie auch heidnische Symbole für Schutz und Segen getragen wurden.

Mjöllnir, der Hammer von Thor, war ein mächtiges Symbol in der Gesellschaft der Wikinger. Er stand für Stärke, Schutz und Autorität und wurde von den Menschen des Nordens häufig als Amulett getragen. Der Hammer symbolisiert Thors Rolle als Beschützer der Menschheit, seine Fähigkeit, die Riesen herauszufordern, und seine Kontrolle über Donner und Blitz.

Das gleichzeitige Tragen von Kreuz und Mjöllnir war mehr als nur eine modische Entscheidung. Es war ein Statement. Es stand für den Respekt vor den Traditionen, für die Anerkennung des neuen Glaubens und für einen persönlichen Kompromiss in einer sich verändernden Welt.

Außerdem ermöglichte diese doppelte Zierde dem Einzelnen, sich in den sozialen Verwicklungen einer Gesellschaft im Wandel zurechtzufinden. In Gebieten, in denen das Christentum stärker Fuß gefasst hatte, war das Kreuz ein Zeichen der Anpassung an die neue Ordnung. In Gebieten, die noch tief in den nordischen Traditionen verwurzelt waren, war Mjöllnir ein Symbol für Tradition und Beständigkeit.

Politische Allianzen

Die Bekehrung der Menschen des Nordens war nicht nur ein spirituelles Unterfangen, sondern hatte auch eine politische Dimension. Die Missionare waren sich oft der hierarchischen Natur der nordischen Gesellschaften bewusst und wussten, dass die Zusammenarbeit mit der politischen Elite für Massenbekehrungen von entscheidender Bedeutung sein konnte. Indem sie Könige, Stammesfürsten und andere lokale Herrscher bekehrten, stellten die Missionare sicher, dass das Christentum von den höchsten Rängen der Gesellschaft befürwortet wurde. Sobald ein Herrscher den neuen Glauben angenommen hatte, wurde dieser de facto zur Religion des Hofes und damit auch zu der seiner Untertanen. Könige wie Olaf Tryggvason und Olaf Haraldsson nahmen das Christentum nicht nur an, sondern wurden auch zu seinen Vorkämpfern, indem sie seine Lehren in ihren Herrschaftsgebieten durchsetzten und ihre politische und militärische Macht nutzten, um heidnische Praktiken zu unterdrücken.

Der Bau von Kirchen an heiligen Stätten

Diese Strategie hatte sowohl symbolische als auch praktische Bedeutung. Indem sie christliche Kirchen an oder in der Nähe von Orten errichteten, die im nordischen Heidentum als heilig galten, sandten die Missionare eine klare Botschaft: Das Christentum war von Dauer und trat an die Stelle der alten Götter. Aus praktischer Sicht waren die Menschen des Nordens bereits daran gewöhnt, diese Orte für spirituelle und gemeinschaftliche Aktivitäten aufzusuchen. Der Bau von Kirchen an diesen Stätten stellte daher sicher, dass sie weiterhin Zentren gemeinschaftlicher Versammlungen bleiben würden. Während die Menschen diese Kirchen im Laufe der Zeit besuchten, begannen die Grenzen zwischen heidnischen und christlichen Praktiken zu verschwimmen, und der neue Glaube verwurzelte sich tief im gesellschaftlichen Gefüge.

Die Bewahrung der nordischen Mythen

Beim Eintauchen in die Tiefen der nordischen Mythologie kommt man nicht umhin, sich zu fragen: *Wie haben diese Geschichten über Götter, Riesen und legendäre Helden die Jahrhunderte überdauert, insbesondere in einer Zeit, in der mündliche Überlieferungen vorherrschten?* Die aufwendige Bewahrung der nordischen

Mythen zeugt von Hingabe, Ehrfurcht und dem tief verwurzelten Wunsch, die kulturellen Erinnerungen lebendig zu halten.

Die nordischen Kulturen verbanden Mythologie und Geschichte miteinander, indem sie oft mythologische Ereignisse und Figuren in ihre historischen Erzählungen einfließen ließen, ohne zwischen den beiden zu unterscheiden. Diese Vermischung bietet eine fesselnde Perspektive darauf, wie diese Menschen ihre Welt sahen: als ein Reich, in dem sich die verschiedenen Konzepte von Göttern, Riesen und Sterblichen überschneiden und mythologische Ereignisse historische Ergebnisse beeinflussen konnten. Bei der Betrachtung der Art und Weise, wie die nordischen Mythen überliefert wurden, stechen drei zentrale Aspekte hervor, die ein strukturiertes Geflecht aus Erzählungen, Traditionen und historischen Berichten bilden: *die Eddas, die Aufzeichnung mündlicher Überlieferungen* und *die Sagas*.

Die Eddas

Würde man die Eckpfeiler der Dokumentation der nordischen Mythologie betrachten, würden die Eddas dabei herausragen. Diese alten isländischen Texte dienen als primäre Quellen für mythologische und heroische Inhalte.

Die Lieder-Edda, manchmal auch Ältere Edda genannt, ist eine Zusammenstellung alter poetischer Erzählungen. Diese Gedichte decken eine Reihe von Geschichten ab, von der Erschaffung der Welt bis zu ihrer letztendlichen Zerstörung in Ragnarök, und bieten wertvolle Einblicke in die nordische Kosmologie.

Dann gibt es noch die Prosa-Edda, die von dem Historiker Snorri Sturluson verfasst wurde. Dieses Werk, das auch als Jüngere Edda bezeichnet wird, erzählt nicht nur Mythen, sondern dient auch als Leitfaden für die poetische Methodik und gewährleistet die Fortführung der traditionellen nordischen Dichtungsformen.

Aufzeichnung der mündlichen Überlieferungen

Bevor die Mythen schriftlich festgehalten wurden, wurden Geschichten von Generation zu Generation mündlich weitergegeben – weitererzählt in Versammlungen, langen Winternächten oder bei feierlichen Festen. Doch mit dem Beginn der Christianisierung entstand die dringende Notwendigkeit, diese Geschichten zu dokumentieren, da die mündlichen Überlieferungen zu schwinden begannen und die Schriftform immer mehr an Bedeutung gewann.

Die Aufzeichnung dieser mündlichen Erzählungen war mehr als nur eine klerikale Übung. Sie war ein Versuch der kulturellen Bewahrung, um sicherzustellen, dass die Geschichten von Göttern wie Odin, Thor und Freyja nicht im Nebel der Vergessenheit verschwinden würden.

Die Sagas

Während die Eddas reich an mythologischem Inhalt sind, handelt es sich bei den Sagas um Erzählungen, die historische Figuren, legendäre Helden und sogar gewöhnliche Menschen würdigen. Diese Prosageschichten schildern Ereignisse, die sich angeblich in der Wikingerzeit zugetragen haben, wobei oft mythische und magische Elemente eingeflochten wurden.

Ein herausragendes Beispiel ist die Völsungasaga, eine legendäre Saga, die die Geschichte der Völsung-Dynastie erzählt. Diese Saga ist besonders bedeutsam, da sie historische Helden mit mythologischen Elementen verwebt und die Grenzen zwischen Fakten und Fantasie verwischt.

Andere Texte

Während Texte wie die Eddas und Sagas das Rückgrat der nordischen Mythologie bilden, blieben die Mythen durch mehr als nur Tinte auf Pergament lebendig. Ihre Essenz wurde in Steine eingraviert, in poetischen Melodien rezitiert und auf Gegenständen des täglichen Lebens abgebildet. Diese Medien hauchten den Legenden Leben ein und bewirkten, dass sie lebendig und aktuell blieben.

Die Bewahrung der nordischen Mythen war nie ein passiver Akt, sondern ein dynamisches Zusammenspiel von Rezitation, Illustration und Feier. Die Geschichten waren nicht nur für besondere Anlässe reserviert, sie waren ein Teil des Lebens, der Liebe und sogar des Todes. Die Menschen des Nordens sorgten dafür, dass ihre Legenden in Poesie, Stein und Kunst überdauern und ihre Überzeugungen und Werte durch die Zeiten und über Länder hinweg nachklingen würden.

Skaldische Poesie

Diese komplizierten Verse wurden von Skalden oder Hofdichtern verfasst, um Könige und Helden zu ehren, und verwoben oft historische Ereignisse mit mythologischen Themen. Die Gedichte mit ihren Kenningar *(poetische Metaphern)* und komplexen Strukturen setzten nicht nur Mythen ein Denkmal, sondern zeigten auch die sprachlichen und kreativen Fähigkeiten der nordischen Kulturen.

Runensteine

Überall in der skandinavischen Landschaft erheben sich große, mit Runen versehene Steine. Diese Runensteine, die oft als Gedenksteine für Verstorbene in Auftrag gegeben wurden, tragen Inschriften, die von Heldentaten, Reisen oder historischen Ereignissen berichten. Dazwischen finden sich aber auch Hinweise auf Götter, legendäre Figuren und mythologische Ereignisse. Jeder Runenstein ist wie eine Seite aus einer großen nordischen Erzählung, mit Geschichten von Sterblichen und Göttern, die Seite an Seite stehen.

Archäologische Spuren

Wenn Sie sich in ein Museum begeben, in dem Artefakte aus der Wikingerzeit ausgestellt sind, wird die nordische Mythologie auf eine sehr greifbare Weise lebendig. Von Petroglyphen, die die Macht Thors illustrieren, bis hin zu kunstvollen Schmuckstücken, die den Weltenbaum Yggdrasil darstellen – die Mythen haben ihren Weg in die Kunst und in Alltagsgegenstände gefunden. Helme mit Motiven aus den Mythen, Schiffsgräber mit Hinweisen auf die Reise ins Jenseits und sogar einfache Haushaltsgegenstände mit den Symbolen der Götter und Kreaturen aus den Mythen – diese Artefakte zeugen von dem tief verwurzelten Einfluss der nordischen Mythologie auf den Alltag der Wikinger.

KAPITEL 9

DIE WIEDERBELEBUNG NORDISCH-HEIDNISCHER PRAKTIKEN

Es war einmal in den frostigen Gefilden Skandinaviens, als Geschichten von mächtigen Göttern, gerissenen Riesen und tapferen Kriegern durch die Täler hallten. Diese Geschichten, die im Laufe der Zeit in Vergessenheit gerieten, waren das Lebenselixier der Wikinger und ihrer Vorfahren. *Was aber, wenn diese Geschichten nicht nur staubige Relikte einer vergangenen Ära sind?*

Sie werden damit beginnen, alte Wurzeln wiederzuentdecken. Während Sie tief in die Vergangenheit eintauchen, werden Sie uralte Relikte und Texte ausgraben, die die Geschichten von Odin, Freyja und ihren Verwandten erzählen. Die Rolle der Archäologie und der Wissenschaft ist bei dieser großen Wiederentdeckung nicht zu unterschätzen. Aber wie bei jeder Schatzsuche gibt es Wendungen und Überraschungen. Moderne Interpretationen kollidieren mit den historischen Realitäten, sodass ein Gewebe aus Alt und Neu entsteht. Als Nächstes werden Sie in die Welt der modernen Asatru-Bewegung eintauchen. Hier hauchen Pioniere den alten Ritualen, Blots und Festen neues Leben ein und schmieden einen lebendigen Pfad, der sich Heidentum nennt. Dieser Weg ist jedoch nicht ohne Hindernisse. Herausforderungen, Kontroversen und Debatten sind die Folgen, wenn altertümlicher Glaube auf moderne Mentalität trifft. Dennoch ist die Anziehungskraft der nordischen Götter unbestreitbar. Sie sind nicht mehr nur auf den Norden beschränkt. Die Popkultur hat ihren Teil dazu beigetragen, indem sie epische Sagas auf Bildschirmen, in Büchern und in der Kunst entfaltet hat. Von Thors Macht in Blockbuster-Filmen bis hin zu den nuancierten Darstellungen in der Literatur – diese Götter sind lebendiger denn je. Und so werden Sie eine globale Resonanz beobachten, eine Verschmelzung des alten nordischen Glaubens mit dem Rhythmus der heutigen Welt.

Alte Wurzeln wiederentdecken

Stellen Sie sich eine Schatztruhe vor. Aber anstelle von Gold und Juwelen ist diese Truhe mit alten Pergamenten, Geschichten und Relikten gefüllt, die den im Sand der Zeit begrabenen Mythen Leben einhauchen können. Der Reiz der nordischen Mythologie ist ähnlich; sie ruft Sie zurück in eine Vergangenheit, die gleichzeitig geheimnisvoll und seltsam vertraut erscheint. Sie ist wie ein fernes Echo, das wir alle gehört haben, aber nicht genau zuordnen können. Im Folgenden lernen Sie verschiedene Arten kennen, auf die die Menschen in der heutigen Zeit wieder mit der nordischen Mythologie in Verbindung treten.

Geschriebene Worte

Das Herzstück der Wiederentdeckung ist das geschriebene Wort. Wenn man bedenkt, dass die Wikingerzeit mehr als tausend Jahre zurückliegt, könnte man meinen, dass diese alten Geschichten nur schwer zu finden sind. Überraschenderweise ist das, wie Sie im vorherigen Kapitel erfahren haben, nicht der Fall. Obwohl die Wikinger keine produktiven Schriftsteller waren, faszinierten spätere Generationen – insbesondere christliche Mönche des Mittelalters – diese Geschichten so sehr, dass sie sie in Werken wie der Lieder-Edda und der Prosa-Edda niederschrieben.

Physische Relikte

Physische Relikte und Artefakte bieten eine weitere Ebene von Einblicken. Zum Beispiel erzählen Runensteine verdichtete Geschichten, die oft Heldentaten oder bedeutende Ereignisse beschreiben. Einige beschwören sogar die Götter selbst, wie ein Runenstein aus Schweden, auf dem Thor erwähnt und um seinen Schutz gebeten wird. Ein weiterer überzeugender Fund sind die Mjöllnir-Amulette – kleine, hammerförmige Schmuckstücke, die Thors Hammer symbolisieren. Sie wurden in verschiedenen Teilen der

Wikingerwelt gefunden und zeigen, dass der Gott weitverbreitet und der Glaube an seine Schutzkräfte tief verwurzelt war.

Suchende von heute

Diese Wiederentdeckung ist nicht nur das Werk von verstaubten Akademikern in Elfenbeintürmen. Auch ganz normale Menschen sind von diesen alten Geschichten verzaubert und tragen die Fackel weiter. Sie lesen nicht nur über Thor und Odin, sondern bringen die Götter in ihr tägliches Leben ein. Diese modernen Suchenden erforschen den Weg ihrer Vorfahren auf unterschiedliche Weise. Einige studieren Altnordisch, die Sprache der Wikinger, um die Eddas in ihrer ursprünglichen Form lesen zu können. Andere besuchen alte Stätten wie den Tempel in Uppsala in Schweden oder nehmen an Wikingerfesten wie dem in York in England teil.

Geschichten mit Identität verbinden

Es ist bemerkenswert, wie diese Geschichten, sobald sie wiederentdeckt wurden, ihr eigenes Leben zu entwickeln beginnen. Sie sind nicht nur verstaubte Geschichten, die in einem Museum archiviert oder in einem Buch überflogen werden. Stattdessen werden sie zu einem Teil der Identität der Menschen. In Island zum Beispiel feiert eine wachsende Asatru-Gemeinschaft die alten Götter und praktiziert Rituale, die ihre Wurzeln in der nordischen Vergangenheit haben. Das Gleiche gilt für viele Menschen in Skandinavien und an so weit entfernten Orten wie den Vereinigten Staaten und Australien.

Die Wiederentdeckung dieser alten Wurzeln ist nicht nur eine Übung in Nostalgie. Die Menschen beschäftigen sich dabei mit einer reichen, komplexen Vergangenheit, aus der wir viel lernen können. Durch die Eddas, Runensteine und die Leidenschaft moderner Sucher erleben diese alten Geschichten und Glaubensvorstellungen eine Wiederbelebung. Und wie wir in den nächsten Abschnitten sehen werden, ist diese Wiederbelebung alles andere als eine einfache Reise. Es ist eine Gratwanderung zwischen historischer Genauigkeit und moderner Interpretation, zwischen alter Weisheit und heutiger Relevanz.

Wenn Sie sich weiter in dieses Kapitel hineinwagen, denken Sie daran, dass dies nicht nur die Geschichten von Göttern und Riesen sind, sondern die Geschichten von uns allen. Sie stellen die großen Fragen über das Leben, die Liebe, über das Erbringen von Opfern und darüber, was es bedeutet, ein Mensch zu sein. Indem wir diese alten Wurzeln wiederentdecken, finden wir auch neue Wege, um diese zeitlosen Themen zu erkunden. Wir knüpfen an eine Vergangenheit an, die sich fremd anfühlt und gleichzeitig unglaublich vertraut. Und dabei hauchen wir den alten Göttern neues Leben ein und erlauben ihnen, wieder unter uns zu wandeln.

Die moderne Asatru-Bewegung

In einer Welt voller technologischer Fortschritte, in der Traditionen oft im Lärm der Innovation verloren gehen, wird ein uralter Puls wieder spürbar. Dieser Puls, der aus den rauen Landschaften des alten Skandinaviens widerhallt, durchzieht die moderne Asatru-Bewegung und belebt die Verbindung zu einst verehrten Göttern neu.

Ursprünge und Pioniere des Revivals

Man muss sich in den globalen Kontext der 1970er-Jahre versetzen, um die Entstehung des Revivals wirklich zu verstehen. Tiefgreifende gesellschaftliche Veränderungen prägten diese Zeit: *die Bürgerrechtsbewegung, Antikriegsproteste* und *die feministische Welle*. Das Raumfahrtzeitalter und der technologische Fortschritt bedeuteten, dass die Menschheit gleichzeitig nach oben und nach innen blickte, neue Grenzen erforschte und gleichzeitig uralte Überzeugungen infrage stellte. Die Sehnsucht nach etwas Echtem, Sinnvollem und Authentischem war deutlich spürbar.

Island, eine Insel, die tief in uralten Legenden verwurzelt und eng mit den Rhythmen der Natur verbunden ist, stach inmitten der sich verändernden Zeiten hervor. Das Land hatte eine tiefe Verbundenheit mit den Geschichten seiner Vorfahren, die in den Erzählungen der Menschen, in den Winden über dem Land und in seiner Identität widerhallten. Mit der fortschreitenden Modernisierung kam jedoch immer mehr die Sorge auf, dass diese geschätzten Geschichten in den Schatten gestellt und auf bloße historische Randnotizen reduziert werden könnten.

Sveinbjörn Beinteinsson

An dieser Stelle kam Sveinbjörn Beinteinsson ins Spiel, ein Mann, der viele Hüte trug – ein Landwirt, ein Dichter und ein tiefgläubiger Anhänger der alten Traditionen. Er erkannte die wachsende Distanz zwischen den modernen Isländern und ihren mythologischen Wurzeln. Aber Beinteinsson erkannte dies nicht nur, sondern beschloss auch, zu handeln. Im Jahr 1972 gründete er die Ásatrúarfélagið.

Bei der Organisation geht es nicht nur um die Verehrung von Göttern. Sie war eine Bewegung, eine Institution, die darauf abzielte, die Weisheit der nordischen Götter in das heutige Leben zu integrieren. Unter Beinteinssons Führung ermöglichte die Ásatrúarfélagið Zeremonien, Blots *(rituelle Opfergaben an die Götter)* und Bildungsinitiativen. Dies waren nicht nur leere Rituale, sondern sie waren und sind immer noch ein Ausdruck des Glaubens, der Liebe und der Ehrfurcht vor den alten Wegen.

Ein Vermächtnis, das über die Geschichten hinausgeht

Was die Ásatrúarfélagið von der gesamten Erweckungsbewegung abhob, war ihr Beharren darauf, die Götter des nordischen Pantheons nicht als bloße Figuren in Geschichten, sondern als Begleiter zu betrachten. Odin war nicht nur der einäugige Gott der Weisheit; er symbolisierte das Streben nach Wissen und die Opfer, die man dabei bringt. Thor war nicht nur die hammerschwingende Gottheit; er verkörperte Stärke, Widerstandsfähigkeit und die beschützende Natur, die Menschen oft auszeichnet. Freyja war nicht nur eine Liebesgöttin, sondern stand für die unzähligen Emotionen und Leidenschaften, mit denen Menschen umgehen müssen.

Diese moderne und doch tief verwurzelte Sichtweise half zahllosen Menschen, die Komplexität des 20. Jahrhunderts zu bewältigen, da sie sie auf Prinzipien gründete, die die Zeiten überdauert hatten. Es war eine Renaissance des Glaubens, eine Verflechtung alter Weisheiten mit moderner Sensibilität, und sie begann passenderweise in einem Land, in dem die Götter einst frei umherzogen.

Herausforderungen und Kontroversen

Eine Bewegung, die uralte Überzeugungen wiederbelebt, steht unweiger-
lich vor Herausforderungen. Die Authentizität ist eine immer wiederkehrende Frage: Wie genau sind die modernen Interpretationen? Als Asatru
an Bedeutung gewann, versuchten einige Gruppierungen außerdem, es
mit nationalistischen oder ausgrenzenden Ideologien zu verflechten. Diese
Verzerrung ist ein Grund zur Besorgnis für viele wahre Praktizierende,
die sich für einen inklusiveren und spirituell reineren Ansatz im Asatru
einsetzen.

Die Anziehungskraft von Asatru ist nicht auf Skandinavien beschränkt.
Sein Einfluss hat Amerika, das restliche Europa und die südliche Hemi-
sphäre erreicht. Diese Gemeinschaften bestehen nicht nur aus Menschen
mit nordischen Vorfahren, sondern auch aus Einzelpersonen, die sich
von den Grundprinzipien des Glaubens angezogen fühlen. Diese welt-
weite Verbreitung zeugt von den universellen Themen und Werten, die
in den Erzählungen und Lehren von Asatru enthalten sind.

Nordische Überzeugungen mit modernen Werten verbinden

Bei der Lektüre der Kapitel dieses Buches wird deutlich, dass die nordische Mythologie mehr ist als nur uralte Geschichten; sie ist eine lebendige,
atmende Tradition, die ihre Anhänger auch im 21. Jahrhundert noch prägt
und inspiriert.

Das Navigieren durch die moderne Welt mit ihren sich ständig verändernden Werten kann manchmal überwältigend sein. Alte Sagen und
Glaubensvorstellungen, wie die der nordischen Kulturen, können eine
bodenständige Sichtweise vermitteln. In diesem Abschnitt wird die
Verflechtung des nordischen Glaubens mit den heutigen Werten in den
Blick genommen. Es wird untersucht, auf welche Weise der moralische
Kompass der legendären Gestalten heutige Entscheidungen leiten und
wie der Respekt der altnordischen Kulturen vor der Natur Umweltbe-
strebungen inspirieren kann.

Der moralische Kompass von einst

In der heutigen schnelllebigen Welt mit ihrem unaufhaltsamen Strom von Innovationen und momentanen Faszinationen gibt es ein spürbares Verlangen nach dauerhaften Werten. Die nordische Mythologie mit ihrem reichen Teppich an Geschichten und Charakteren bietet eine Quelle der Weisheit, um dieses Verlangen zu stillen. Im Folgenden finden Sie die spezifischen Werte, die Sie aus den alten Erzählungen ziehen können.

- **Aufrichtigkeit:** Odins unstillbarer Wissensdurst brachte ihn dazu, am Brunnen von Mimir ein Auge zu opfern. Dies war kein bloßes Geschäft, sondern eine tiefgreifende Verpflichtung zur Erreichung eines höheren Ziels. Daraus lernen wir, dass Aufrichtigkeit aus mehr besteht als nur daraus, die Wahrheit zu sagen. Es geht dabei darum, seinen Überzeugungen treu zu bleiben und entsprechend seinen Prinzipien zu handeln, auch wenn dies mit persönlichen Kosten verbunden ist.
- **Tapferkeit:** Die Geschichten von Thor sind voll von Lektionen der Tapferkeit. Seine Auseinandersetzungen mit Riesen und Schlangen waren nicht nur Demonstrationen physischer Stärke. Sie verkörpern das Wesen des Mutes: sich seinen Ängsten zu stellen, sich gegen übermächtige Gegner zu behaupten und seine Grundwerte zu verteidigen. In Thors unerschrockenen Unternehmungen sehen wir sowohl unsere eigenen Kämpfe als auch die Bedeutung des Einsatzes für die Dinge reflektiert, die uns am Herzen liegen.
- **Beharrlichkeit:** Die nordischen Götter, die sich der drohenden Apokalypse von Ragnarök vollkommen bewusst sind, erteilen uns eine tiefgreifende Lektion in Bezug auf Beharrlichkeit. Ihre unerschütterliche Entschlossenheit im Angesicht des drohenden Untergangs unterstreicht die Bedeutung davon, hartnäckig zu bleiben. Dies ist eine eindringliche Erinnerung daran, dass der Weg, den wir beschreiten, und die Entscheidungen, die wir treffen, einen Wert haben, unabhängig von vorherbestimmten Ergebnissen.
- **Weisheit:** Odins unaufhörliche Suche nach Weisheit, von der Opferung seines Auges bis zum Ertragen von Schmerzen beim Hängen an Yggdrasil, um die Runenkunde zu erlangen, dient als Zeugnis für die Bedeutung des ständigen Lernens. Seine Hingabe erinnert uns

an die Tiefe und Weite der Weisheit und an die Opfer, die wir beim Streben danach vielleicht erbringen müssen.

- **Loyalität und Brüderlichkeit:** Das komplizierte Beziehungsgeflecht in der nordischen Mythologie, das durch das Band zwischen den Brüdern Odin, Wili und We oder durch die Eintracht der Asen und Wanen nach ihrem Waffenstillstand veranschaulicht wird, beleuchtet die Unantastbarkeit der Loyalität. Diese Beziehungen unterstreichen das Fundament des Vertrauens, die Stärke von Allianzen und die Kraft, die darin liegt, wenn wir zu unseren Kameraden stehen.

Respekt vor der Umwelt

Die moderne Gesellschaft ist dabei, sich mit der Bedeutung der Natur auseinanderzusetzen, und auch hier hat der nordische Glaube Weisheit zu bieten. Die altnordischen Völker hatten einen tiefen Respekt vor der Umwelt. Denken Sie an Yggdrasil, den Weltenbaum, dessen Wurzeln und Äste die Reiche miteinander verflochten. Er war nicht nur ein mythologisches Konzept, sondern ein Sinnbild für die Zusammenhänge und die Bedeutung der Natur. Heute, da wir uns für den Umweltschutz einsetzen, können wir uns von dieser uralten Verehrung der Natur inspirieren lassen.

Die Rolle der Popkultur beim nordischen Revival

Von Thors donnerndem Gebrüll bis hin zu Lokis Gerissenheit – die Leinwand hat eine entscheidende Rolle dabei gespielt, den Massen die nordische Mythologie wieder näherzubringen. Mit ihren grandiosen Darstellungen haben Kinofilme die Götter greifbar gemacht und den fernen Gottheiten vertraute Gesichter gegeben. Man kann nicht anders, als mit Thor mitzufiebern, wenn er die Herausforderungen von Asgard und Midgard meistert, oder sich von den komplexen Machenschaften Lokis faszinieren zu lassen.

Während Filme visuelle Spektakel bieten, bietet Literatur Tiefe. Renommierte Autoren wie Rick Riordan, Joanne Harris und J.R.R. Tolkien haben alle in ihren Werken auf die nordische Mythologie zurückgegriffen und dabei kunstvolle Erzählungen geschaffen, die die Vorstellungskraft der

Leser beflügeln und sie nach mehr verlangen lassen. Durch diese Bücher lernt eine neue Generation das nordische Pantheon kennen, und zwar nicht als archaische Geschichten, sondern als lebendige Erzählungen mit vielschichtigen Bedeutungen.

Die digitale Welt, insbesondere durch Videospiele, ist zu einer unerwarteten Bastion der nordischen Überlieferung geworden. Diese Spiele versetzen die Spieler in immersive Welten, in denen sie an der Seite von Göttern wandeln, sich mythischen Bestien stellen und sich mit Themen wie Schicksal, Ehre und Opfer auseinandersetzen können.

FAZIT

Die Faszination für die nordische Mythologie rührt von den tiefgründigen Fragen her, denen diese Mythologie nachgeht. Auf Ihrer Reise durch diese uralten Erzählungen begegnen Sie fesselnden Charakteren und spektakulären Ereignissen. Aber in den Erzählungen von Schlachten, Verrat und Triumphen liegt eine tiefere Bedeutung verborgen. Diese Mythen halten Ihnen einen Spiegel vor und erinnern Sie an Ihre Hoffnungen, Ängste und die Bestimmung, die in der Herrlichkeit des Daseins liegt.

In den vorangegangenen Kapiteln wurden die verschiedenen Facetten erforscht, die die nordischen Überlieferungen so fesselnd machen. Von den mystischen Ursprüngen von Yggdrasil bis hin zur verheerenden Götterdämmerung – diese Mythen präsentieren ein nuanciertes Weltbild. Die Tugenden und Schwächen der Götter darin sind offensichtlich und spiegeln allgemeinere Themen wider. Die Konzepte von Schicksal, Vorherbestimmung und freiem Willen waren in jeder Interaktion miteinander verwoben.

Durch die Dokumentation der Ausbreitung und des Wandels des nordischen Glaubens wurde das komplizierte Zusammenspiel zwischen Mythen und Geschichte deutlich. Die Wikinger traten nicht nur als Krieger auf, sondern auch als Händler, Entdecker und Siedler. Ihr Kontakt mit verschiedenen Kulturen formte und gestaltete ihre Mythen um. Dieses Wechselspiel vermittelte eine wichtige Erkenntnis: *Mythen erfinden sich ständig neu, indem sie verschiedene Einflüsse absorbieren.*

Durch das Wiederaufleben des nordischen Heidentums werden die ewig gültigen Wahrheiten hervorgehoben, die in diesen Geschichten stecken. Durch Strömungen wie die Asatru-Bewegung verbinden die Anhänger uralte Weisheiten mit dem heutigen Leben. Dieses Wiederaufleben ist ein Beweis dafür, dass in den Mythen dauerhafte Einsichten stecken. Wie kostbare Edelsteine, die tief unter der Erde verborgen sind, müssen sie nur enthüllt werden, um ihren zeitlosen Glanz zu entfalten.

Während Sie zum Ende dieser Reise kommen, ist das Fazit klar: Mythen sind mehr als nur Unterhaltung, sie sind Lehrer und Heiler. In Odins ewiger Suche nach Wissen, Thors unermüdlicher Verteidigung der Ordnung und Lokis Freude am Chaos finden sich unsere Bestimmung und der Sinn des Lebens. Diese Geschichten sind existenzielle Landkarten, die Sie durch das Labyrinth der Schöpfung führen.

Wenn also der Donner grollt oder Sie in die unendliche Weite der Sterne blicken, sollten Sie sich daran erinnern, dass die nordischen Mythen nicht nur an Geschichtsbücher gebunden sind. Sie sind lebendig und eng mit dem Gewebe unseres kollektiven Bewusstseins verwoben. Ihr Zauber verweilt in jedem Herzen; bereit, die Seele zu berühren. Wenngleich die Mainstream-Medien Einblicke gewähren, sind diese oft mit kreativen Freiheiten geschmückt, und es ist unerlässlich, tiefer einzutauchen und nach authentischen Quellen zu suchen, um dieses kostbare Gewebe wirklich schätzen zu können. Die wahre Magie der nordischen Mythologie wartet auf diejenigen, die bereit sind, unter die Oberfläche zu schauen. Mögen die Geschichten, denen Sie in diesem Buch begegnet sind, Sie dazu inspirieren, immer wieder nach der wahren Tiefe und dem Reichtum der nordischen Legenden zu suchen und sie in Ehren zu halten.

QUELLEN

Charles River Editors. (2017). Ragnarok: The Origins and History of the Apocalypse in Norse Mythology. CreateSpace Independent Publishing Platform.

Crossley-Holland, K. (2017). Norse Myths: Tales of Odin, Thor and Loki. Candlewick Press.

Daly, K., Facts On File, Incorporated. (2009). Norse Mythology A to Z. Infobase Publishing.

Garrison, T. (2023). Norse Mythology: From the Origin of the Universe to Ragnarok. Explore the Nine Worlds among Legends, Gods, Heroes, and Myths of the North. Tom Garrison.

Hansen, D. (2017). Norse Mythology: Tales of Norse Gods, Heroes, Beliefs, Rituals and the Viking Legacy. Createspace Independent Publishing Platform.

Hayes, B. (2019). Norse Mythology: A Concise Guide to the Gods, Heroes, Sagas, Rituals, and Beliefs of Norse Mythology. Vincent Noot.

Hermann, P. (2018). Handbook of Pre-Modern Nordic Memory Studies: Interdisciplinary Approaches. Walter de Gruyter GmbH & Co KG.

Herman, A. (2021). The Viking Heart: How Scandinavians Conquered the World. Houghton Mifflin Harcourt.

Kirch, A. B. (1914). The Influence of Geography Upon Primitive Religions. University of Wisconsin-Madison.

Litchfield, M. E. (1890). The Nine Worlds: Stories from Norse Mythology. Ginn.

Long, S. (2015). Odin: The Viking Allfather. Bloomsbury Publishing.

McCoy, D. (2016). The Viking Spirit: An Introduction to Norse Mythology and Religion. CreateSpace Independent Publishing Platform.

Ogden, D. (2013). Drakon: Dragon Myth and Serpent Cult in the Greek and Roman Worlds. OUP Oxford.

Welch, L. C. (2001). Goddess of the North: A Comprehensive Exploration of the Norse Goddesses, from Antiquity to the Modern Age. Weiser Books.